DICCIONARIO
PROCESAL BÁSICO

DICCIONARIO PROCESAL BÁSICO

Francisco Enrique Rodríguez Rivera
Letrado de la Administración de Justica

© 7 Editores Recursos para la Cualificación Profesional y el Empleo, S.L. (7 Editores)

© El autor

Sexta edición, mayo 2024 (134 páginas)

Derechos de edición reservados a favor de 7 Editores

IMPRESO EN ESPAÑA

Diseño Portada: 7 Editores

Edita: 7 Editores

Avda. San Francisco Javier, 9 · Edificio Sevilla 2 · Planta 11 · Módulos 25-27 · 41018 Sevilla

Teléfono: 954 784 411 · WEB: www.mad.es · e-mail: administracion@7editores.com

ISBN: 978-84-142-8196-3

© "Editorial Mad" y "Eduforma" son nombres comerciales registrados de
7 Editores Recursos para la Cualificación Profesional y el Empleo, S.L.

Irene, Mario, Mari Ángeles.
Desde ellos, por ellos y para ellos.

PRESENTACIÓN

Como en todo diccionario, la razón de ser de la presente obra, no es otra que catalogar por orden alfabético una serie de definiciones o noticias.

Como diccionario procesal, su objeto es desarrollar expresiones vinculadas con la rama del Derecho que analiza los trámites a seguir ante Juzgados y Tribunales, es decir, el Derecho Procesal.

Finalmente, como manual básico que pretende ser, persigue conceptuar los términos que contiene de una manera elemental, de forma que el abanico de posibles usuarios sea lo más abierto posible, como paso preceptivo para prestar un servicio general a cuantos, por unas o por otras razones, estén vinculados o puedan estarlo, de manera ocasional o permanente, al estudio del Derecho o al mundo de la Administración de Justicia.

Estudiantes de Derecho, opositores a los Cuerpos de Auxilio Judicial, Tramitación Procesal y Administrativa, Gestión Procesal y Administrativa, y personal interino al servicio de los mismos Cuerpos, así como curiosos en general, encontrarán en este pequeño libro una ayuda fundamental para comenzar a entender la particular terminología empleada en la tramitación de los diferentes procedimientos judiciales.

Opositores a los Cuerpos de Letrados de la Administración de Justicia, Jueces y Fiscales, funcionarios al servicio de cuantos Cuerpos integran la Administración de Justicia, Abogados y Procuradores, hallarán en este Diccionario Procesal Básico, al menos en el comienzo de sus andaduras profesionales, un buen apoyo para conseguir de una manera simple el esclarecimiento de conceptos que, en muchas ocasiones, son complicados de manera artificial.

Para servir de ayuda a todos estos colectivos se pensó, y se ha creado, el presente texto.

ÍNDICE

ABREVIATURAS

DA	Derecho Administrativo
DC	Derecho Constitucional
DCv	Derecho Civil
DG	Definición General
DH	Derecho Hipotecario
DL	Derecho Laboral o del Trabajo
DM	Derecho Mercantil
DP	Derecho Procesal
DPC	Derecho Procesal Civil
DPn	Derecho Penal
DPP	Derecho Procesal Penal
OE	Organización del Estado
OJ	Organización Judicial
PCA	Procedimiento Contencioso-Administrativo
RC	Registro Civil

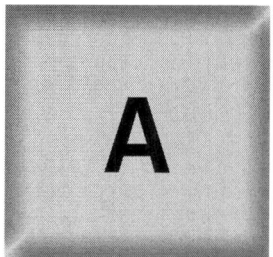

ABINTESTATO. DCv: Cauce utilizado judicialmente para ordenar la sucesión de una persona fallecida, denominada causante, por ausencia o defecto de testamento.

ABOGADO. DG: Licenciado en Derecho que defiende en juicio los derechos de los litigantes, y aconseja sobre cuestiones legales.

ABOGADO DE LAS COMUNIDADES AUTÓNOMAS. DG: Funcionario especial cuyos principales cometidos consisten en defender en juicio a la Comunidad Autónoma de la que forman parte y en asesorarla legalmente.

ABOGADO DEL ESTADO. DG: Funcionario especial cuyos principales cometidos consisten en defender en juicio a la Administración y en asesorarla legalmente.

ABOGADO Y PROCURADOR DE OFICIO. DG: Profesionales nombrados a cargo del Estado, que asumen la defensa y la representación de quien acredita tener derecho a litigar gratuitamente.

ABSOLUCIÓN DE POSICIONES. DPC: Acción por la cual las partes litigantes respondían a las preguntas formuladas por la contraria en la prueba de confesión judicial que se desarrollaba en los procedimientos civiles antes de la entrada en vigor de la Ley 1/2000, de 7 de enero, de Enjuiciamiento Civil. Actualmente esta prueba se denomina Interrogatorio de parte.

ABSTENCIÓN. DPC: Deber que tienen los Jueces de apartarse por propia iniciativa del conocimiento de un pleito y de pedir su sustitución, cuando en el mismo se dé alguna de las circunstancias previstas legalmente, en relación con los sujetos o con el objeto del asunto, que les haga dudar sobre su imparcialidad a la hora de resolver.

ACCIDENTE DE TRÁFICO. DPn: Siniestro producido a consecuencia de la circulación rodada de vehículos automóviles, que da lugar al nacimiento de acciones civiles y/o penales a favor de los perjudicados por el mismo.

ACCIÓN. DP: Derecho con el que cuentan las personas para dirigirse a Juzgados y Tribunales y pedir alguna cosa en juicio. // Modo legal de ejercer ese Derecho.

ACCIÓN CIVIL. DP: La ejercitada ante los Juzgados y Tribunales orientada al otorgamiento de la justicia respecto a los diversos derechos privados.

ACCIÓN EJECUTIVA. DPC: La ejercitada para instar el cumplimiento judicial de resoluciones firmes del Juez, Tribunales y Letrados de la Administración de Justicia, así como de laudos arbitrales. /// Véase Título Ejecutivo.

ACCIÓN PENAL. DP: La ejercitada ante los Juzgados y Tribunales orientada al otorgamiento de la justicia para la consecución del castigo de un hecho presuntamente delictivo.

ACCIÓN POPULAR. DP: La ejercitada por cualquier particular no en reclamación o defensa de un derecho propio, sino para salvaguardar el interés de la colectividad.

ACLARACIÓN DE AUTOS, SENTENCIAS Y DECRETOS. DP: Rectificación que, de oficio o a instancia de parte, pueden hacer los Jueces, Tribunales y Letrados de la Administración de Justicia de este tipo de resoluciones, después de firmadas, respecto a conceptos que hayan quedado indebidamente oscuros en las mismas, o supliendo las omisiones que puedan contener.

ACTA. DP: Relación escrita y fehaciente de alguna actuación procesal extendida por un Letrado de la Administración de Justicia o por el funcionario que legalmente corresponda. Actualmente todos los actos públicos y comparecencias que se celebran a presencia judicial en los distintos órdenes jurisdiccionales deberán constar en soporte apto para la grabación de imágenes y sonidos, de manera que, sólo en caso de carencia o avería de los mismos deberá extenderse, por medios informáticos, el acta, a no ser que tampoco se cuente con tales medios

ACTO ADMINISTRATIVO. DA: Declaración jurídica y unilateral emanada de alguna de las Administraciones Públicas.

ACTO DE CONCILIACIÓN. DP: Véase Conciliación, Acto de.

ACTOR. DPC: Véase Demandante.

ACTOR CIVIL. DPP: El que en un procedimiento penal exclusivamente ejercita una acción civil.

ACTOS DE COMUNICACIÓN. DP: Actuaciones con las que se traslada a las partes o a los interesados en el expediente, los escritos que se presenten y las resoluciones procesales que se adopten en el mismo.

ACTUACIONES. DP: Conjunto de diligencias verificadas en un procedimiento. // Expediente procesal.

ACTUACIONES A PREVENCIÓN. DPP: Diligencias practicadas por un órgano judicial distinto del que debe tramitar la causa, por razones de urgencia o de imposibilidad de actuación del Juzgado o Tribunal legalmente llamado a verificarlas.

ACTUACIONES POR DELEGACIÓN. DPP: Diligencias practicadas por una oficina judicial distinta de la que tramita el procedimiento, a requerimiento de ésta y en aras del auxilio y cooperación entre los diferentes Juzgados y Tribunales.

ACUERDO. DP: Resolución /// Resolución verbal que adopta un Juez, Tribunal o Letrado de la Administración de Justicia en el desarrollo de un acto público.

ACUMULACIÓN DE ACCIONES. DPC: Agrupación en una misma demanda de cuantas acciones no incompatibles entre sí ostente el actor contra el demandado.

ACUMULACIÓN DE AUTOS. DPC: Reunión en un solo expediente de dos o más procesos iniciados por separado y que permanecen sin resolver, cuando están conectados entre sí por alguna de las causas legalmente establecidas, con el fin de ser tramitados y decididos conjuntamente.

ACUSADO. DPP: Véase Inculpado.

ACUSADOR PARTICULAR. DPP: Persona que ejercita en el proceso penal la acción popular, haya sido o no ofendida por el delito, solicitando la condena del presunto culpable.

ACUSADOR PRIVADO. DPP: Persona que ejerce la acción penal al estar legitimada para ello por haberse realizado contra la misma un hecho que puede revestir caracteres de delito privado.

ADHESIÓN A UN RECURSO DE APELACIÓN. DP: Actuación por la cual una de las partes en el procedimiento se suma al recurso de apelación interpuesto previamente por otra, por idénticos o diferentes motivos.

ADMINISTRACIÓN. DG: Conjunto de órganos y de funcionarios encargados de la gestión y prestación de los diferentes servicios públicos.

ADMINISTRACIÓN DE JUSTICIA. DG: Acción de Juzgados y Tribunales juzgando y haciendo que se ejecute lo juzgado.

ADMINISTRACIÓN JUDICIAL. DPC: Medida de garantía de un embargo, de control y supervisión, que adopta el tribunal cuando ha sido objeto de embargo alguna empresa o grupo de empresas, o cuando se embargan acciones o participaciones que representen la mayoría del capital social, y que lleva aparejado el nombramiento de un Administrador Judicial. // Véase Administrador Judicial.

ADMINISTRADOR JUDICIAL. DPC: Persona que, por orden del tribunal, desempeña la Administración Judicial sustituyendo a los administradores preexistentes, asumiendo, mientras no se disponga otra cosa, sus mismos derechos, obligaciones, facultades y responsabilidades, necesitando, no obstante, para determinadas actuaciones, autorización judicial. // Véase Administración Judicial.

ADMINISTRACIÓN PARA PAGO. DPC: Medida de apremio que adopta el tribunal cuando ha sido objeto de embargo alguna empresa o grupo de empresas, o cuando se embargan acciones o participaciones que representen la mayoría del capital social, y que lleva aparejado el nombramiento de un Administrador Judicial, cuyo objeto es realizar el pago directo al ejecutante de las cantidades por las que la ejecución fue despachada.

ADOPCIÓN. DCv: Acción tramitada ante los Juzgados tendente a obtener que sea declarado como hijo, con los requisitos y solemnidades legales, el que no lo es por razón de la naturaleza.

ADQUIRIR LA POSESIÓN, ACCIÓN DE. DPC: Aquella que se ejercita en el Juicio Verbal por medio de la cual el actor pretende obtener la posesión de un bien heredado, no tenido previamente, y el amparo judicial en la misma posesión frente a terceros.

AFORADO. DPP: Persona que, por pertenecer a un determinado estamento o categoría social, no está sujeta a la jurisdicción ordinaria, o lo está a determinados órganos de la misma diferentes de aquellos que le corresponderían si no estuviere revestido de tal carácter.

AGENTE JUDICIAL. OJ: Antiguo funcionario de carrera al servicio de la Administración de Justicia, actualmente denominado Auxiliar Judicial./// Véase Cuerpo de Auxilio Judicial.

AGRAVANTE. DPn: Circunstancia o motivo legal que puede ser tenido en cuenta por el órgano judicial para aumentar la pena a imponer al responsable de un delito.

ALARDE. DP: Relación de los asuntos pendientes en un Juzgado o Tribunal que se realiza por el mismo periódicamente.

ALBACEA. DCv: Persona encargada por el testador o por un órgano judicial de cumplir la última voluntad y de custodiar los bienes del fallecido.

ALEGACIONES PREVIAS. PCA: Exposición realizada por los demandados en el recurso contencioso administrativo, antes de contestar a la demanda o en la primera parte de dicha contestación, de cuestiones que pueden implicar la inadmisión del recurso por razones ajenas al tema de fondo planteado en la demanda.

ALEVOSÍA. DPn: Agravante consistente en la preparación y perpetración de un delito, con el fin de consumarlo sin riesgo y sobre seguro.

ALQUILER. DCv: Arrendamiento.

ALLANAMIENTO. DPC: Declaración de voluntad del demandado manifestando su conformidad con las pretensiones del actor, identificándose con la solicitado por el mismo en el suplico de la demanda.

AMILLARAR. DG: Organizar en un archivo los bienes propiedad de los vecinos de una ciudad junto con los datos personales de sus titulares.

ANOTACIÓN MARGINAL. DH. RC: Asiento realizado al margen de una inscripción principal alusivo a cuestiones íntimamente vinculadas con el contenido de ésta.

ANOTACIÓN PREVENTIVA. DH: Inscripción provisional practicada en los libros del Registro de la Propiedad, en la hoja o folio correspondiente a un determinado inmueble, que pretende garantizar algún derecho o situación relacionado con el mismo.

ANTECEDENTES PENALES, ANOTACIÓN DE. DPn: Procedimiento de registro y archivo que pretende obtener la identificación de las personas que han sido condenadas por su participación en la comisión de delitos. // Véase Registro Central de Penados.

ANTICIPACIÓN Y ASEGURAMIENTO DE LA PRUEBA. DPC: Véase Prueba, Anticipación y Aseguramiento de la.

APELACIÓN. DP: Véase Recurso de Apelación.

APERCIBIMIENTO. DP: Advertencia realizada por el órgano judicial a una persona, sea o no parte en el pleito, para que la misma haga o se abstenga de hacer alguna cosa.

APODERAMIENTO. DP: Acción por la cual una persona autoriza a otra para que la represente y obre válidamente en su nombre, pudiendo conferir tales atribuciones mediante escritura pública, ante Notario, o mediante comparecencia ante un Letrado de la Administración de Justicia.

APREMIO, VÍA DE. DP: Conjunto de trámites, o procedimiento, que tienen por objeto transformar en dinero, coactivamente, lo embargado en su día al ya condenado, con el fin de abonar las responsabilidades pecuniarias que, a cargo del mismo, se han concretado en el proceso.

APUD ACTA. DP: Expresión latina utilizada para designar la forma en que se realizan algunas actuaciones, al constituirse o verificarse mediante comparecencia ante un Juez o ante un Letrado de la Administración de Justicia, quedando reflejadas en un acta.

ARBITRAJE. DG: Institución por la que dos o más personas, llamados árbitros, resuelven un problema planteado por y entre otras, las cuales han pactado previamente aceptar la decisión de aquellas, cualquiera que ésta sea.

ARCHIVO. DG: Lugar o depósito en el que se guardan documentos. // Conjunto de expedientes custodiados.

ARCHIVO JUDICIAL DE GESTIÓN. DG: Aquel lugar o depósito en el que se guardan y custodias los expedientes vivos o en los que, sin estar finalizados, no se han practicado actuaciones en los últimos cinco años.

ARCHIVO JUDICIAL TERRITORIAL. DG: Aquel lugar o depósito en el que se guardan y custodian los expedientes remitidos por los Archivos Judiciales de Gestión cuando ya no es necesaria su permanencia en ellos.

ARCHIVO JUDICIAL CENTRAL. DG: Archivo Judicial Territorial de la Audiencia Nacional y el Tribunal Supremo.

ARRENDAMIENTO RÚSTICO. DCv: Contrato por medio del cual el propietario de un bien inmueble de naturaleza rústica lo da o entrega a una persona para que use de él según sus características y aprovechamientos, por un tiempo determinado y mediante el pago de un precio cierto, o renta, previamente convenidos.

ARRENDAMIENTO URBANO. DCv: Contrato por medio del cual el propietario de un bien inmueble de naturaleza urbana, lo cede a una persona para que use de él según sus características, ya sea como vivienda, ya como local de negocio, por un tiempo determinado y mediante el pago de un precio cierto, previamente convenido.

ARRESTO. DPn: Pena consistente en la privación de libertad por breve tiempo.

ARRESTO DE FIN DE SEMANA. DPn: Pena privativa de libertad consistente en el internamiento del penado en un centro carcelario durante uno o varios fines de semana, y que, por el tribunal y motivadamente, puede autorizarse su cumplimiento en otros días de la semana (pena suprimida por el vigente Código Penal).

ARRESTO MAYOR. DPn: Privación carcelaria de libertad que se podía imponer a los responsables de determinados delitos, cuya duración oscilaba entre un mes y un día y seis meses (pena suprimida por el vigente Código Penal).

ARRESTO MENOR. DPn: Privación, carcelaria o domiciliaria, de libertad que podía imponerse a los responsables de determinadas faltas, cuya duración oscilaba entre uno y treinta días.(Pena suprimida por el vigente Código Penal, al igual que las faltas, infracciones penales leves que tampoco existen en la actualidad).

ASESINATO. DPn: Acción de matar a una persona concurriendo alguna de las circunstancias agravantes especificadas al efecto en el Código Penal.

ASIENTO REGISTRAL. DH. RC: Anotación por escrito que se plasma en los libros de un archivo público.

ASISTENCIA JURÍDICA GRATUITA. DP: Véase Beneficio de Asistencia Jurídica Gratuita.

ATENUANTE. DPn: Circunstancia o motivo legal que puede ser tenida en cuenta por el órgano judicial para suavizar la pena a imponer al culpable de un delito.

ATESTADO. DPn: Diligencias de averiguación de un delito que, como preliminares a la incoación judicial de un proceso penal, instruyen los Cuerpos y Fuerzas de Seguridad del Estado.

AUDIENCIA NACIONAL. OJ: Órgano integrado tanto por órganos judiciales unipersonales (Juzgados Centrales), como colegiados (Salas) con sede en Madrid y jurisdicción sobre todo el territorio del Estado, con competencia en materias penal, contencioso administrativa, laboral, de menores y de vigilancia penitenciaria.

AUDIENCIA PREVIA. DPC: Acto público o comparecencia que se celebra en el Juicio Ordinario una vez contestada la demanda, y que tiene por objeto intentar un acuerdo o transacción entre las partes que ponga fin al proceso, examinar las cuestiones procesales que pudieran obstar la prosecución del pleito y su terminación por sentencia, así como fijar con precisión el objeto del asunto, los extremos sobre los que exista controversia y, en su caso, proponer y admitir la prueba.

AUDIENCIA PROVINCIAL. OJ: Órgano judicial colegiado con sede en cada una de las distintas capitales de provincia, con jurisdicción sobre la totalidad de su respectivo territorio, y con competencia en materias civil, penal y de menores.

AUDIENCIA PÚBLICA, HORAS DE. OJ: Periodo de tiempo diario, fijado por los titulares de los órganos judiciales al objeto de practicar pruebas, celebrar vistas y actos públicos en general, para garantizar que la tramitación de los procedimientos se desarrolle sin dilaciones indebidas.

AUDIENCIAS, SALA DE. OJ: Estancia de Juzgados y Tribunales donde se celebran los actos públicos.

AUTO. DP: Resolución judicial motivada, razonada y basada en los preceptos legales aplicables al caso, empleada, entre otros casos, para decidir recursos contra providencias o decretos, cuando se resuelva sobre admisión o inadmisión de demanda, reconvención, acumulación de acciones, admisión o inadmisión de la prueba, aprobación judicial de transacciones y convenios, medidas cautelares y nulidad o validez de las actuaciones.

AUTO DE PROCESAMIENTO. DPP: Véase Procesamiento, Auto de.

AUTO DESPACHANDO EJECUCIÓN. DPC: Resolución judicial motivada, razonada y basada en los preceptos legales aplicables al caso, que contiene la orden general de ejecución y autoriza el despacho de la misma, tras el cual el Letrado de la Administración de Justicia dictará decreto en el que se contendrán, entre otras, las medidas ejecutivas concretas que resultaren procedentes, incluido si fuera posible el embargo de bienes, y las medidas de localización y averiguación de los bienes del ejecutado que procedan.

AUTONOMÍAS. DG: Véase Comunidades Autónomas.

AUTOPSIA. DPn: Examen anatómico que se hace a un cadáver para determinar claramente las causas de la muerte.

AUTOR. DPn: Persona que ejecuta un delito o induce o coopera en su ejecución.

AUTORIDAD JUDICIAL DE EJECUCIÓN. DPP: Es la competente en cada Estado para ejecutar la orden europea de detención y entrega en virtud del derecho de ese Estado (en España, tales autoridades son tanto los Juzgados Centrales de Instrucción como la Sala de lo Penal de la Audiencia Nacional. La Autoridad Central competente es el Ministerio de Justicia). // Véase Orden Europea de detención y entrega.

AUTORIDAD JUDICIAL DE EMISIÓN. DPP: Es la competente para dictar una orden europea de detención y entrega en virtud del derecho de ese Estado (en España, tal autoridad es el Juez o Tribunal que conozca de la causa en la que proceda tal tipo de órdenes). // Véase Orden Europea de detención y entrega.

AUTOS. DP: Expediente judicial. // Conjunto de actuaciones y diligencias verificadas en el seno de un procedimiento.

AUXILIAR JUDICIAL. OJ.: Véase Cuerpo de Auxilio Judicial.

AUXILIAR DE LA ADMINISTRACIÓN DE JUSTICIA. OJ: Antiguo Cuerpo de funcionarios de carrera al servicio de la Administración de Justicia actualmente denominado Tramitador Procesal y Administrativo./// Véase Cuerpo de Tramitación Procesal y Administrativa.

AUXILIO JUDICIAL. DP: Principio procesal que se concreta en la obligación que tienen los diferentes Juzgados y Tribunales de prestarse ayuda recíproca en la realización de todos los actos que sean necesarios en los asuntos de que conozcan, cuando tengan que practicarse fuera de su circunscripción territorial.

AUXILIO JUDICIAL, CUERPO DE. OJ: Véase Cuerpo de Auxilio Judicial.

AVAL. DCv: Garantía en virtud de la cual una persona o entidad asume el cumplimiento de una obligación que originariamente corresponde a otra, para el caso de que el llamado a satisfacerla no lo hiciere.

AVALÚO. DP: Tasación, valoración que efectúan en el seno de un procedimiento judicial, respecto a bienes determinados, los peritos designados para ello.

BENEFICIO DE ASISTENCIA JURÍDICA GRATUITA. DP: Derecho a pleitear gratuitamente con el que cuentan las personas que acrediten insuficiencia de recursos para ello, y aquellas otras personas físicas o jurídicas a quienes, por disposición legal, se haya concedido esa prerrogativa. // Véase Tasa por el ejercicio de la potestad jurisdiccional.

BIENES INMUEBLES. DCv: El suelo y todo lo adherido a él, cuando después de ser incorporado pierde su característica de movilidad.

BIENES MUEBLES. DCv: En general, todos aquellos bienes que pueden ser transportados de un lugar a otro sin menoscabo del bien inmueble al que estuvieren incorporados o en el que estuvieren situados.

BIENES SEMOVIENTES. DCv: Los animales.

BOLETÍN OFICIAL. DG: Publicación periódica del Estado, las Comunidades Autónomas, Diputaciones Provinciales o Ayuntamiento, u otros organismos oficiales, en la que se insertan disposiciones y actos de edición obligatoria como los anuncios de Subastas- portal AEBOE-. Actualmente, los actos de comunicación que deban realizarse mediante edictos se insertan en el Tablón Edictal Judicial Único.

BUENA FE. DCv: Estado de ánimo que consiste en desconocer, por error o ignorancia, la ilicitud de nuestra conducta.

BUSCA Y CAPTURA. DPP: Orden que se proporciona a los cuerpos y fuerzas de seguridad del Estado para localizar y poner a disposición judicial a quien se encuentra en ignorado paradero y está reclamado, bien como procesado, bien como condenado, por la justicia.

CADUCIDAD DE INSTANCIA. DPC. PCA: Terminación del procedimiento que se produce al ser abandonado el mismo por las partes, al no instar su curso durante el tiempo que las leyes procedimentales establecen.

CALUMNIA. DPn: Imputación falsa de un delito de los que dan lugar a la incoación de oficio de un procedimiento.

CAPACIDAD DE OBRAR. DCv: Aptitud de una persona para ejercitar los derechos y obligaciones de los que sea sujeto activa o pasivamente.

CAPACIDAD PARA SER PARTE. DP: Aptitud genérica para ser titular de todos los derechos procesales, y para asumir las cargas y responsabilidades inherentes al proceso.

CAPACIDAD PROCESAL. DP: Aptitud para comparecer en juicio, es decir, para realizar actos válidos en el proceso.

CAREO. DPP. DPC: Confrontación verbal de una o más personas con otra u otras, cuando incurran en graves contradicciones, para averiguar cuál de ellas dice la verdad, que puede tener lugar tanto en el orden jurisdiccional penal (entre acusados, entre testigos o entre acusados y testigos), como en el orden jurisdiccional civil (entre las partes, entre testigos, o entre partes y testigos).

CARGA. DCv: Gravamen, limitación existente sobre un bien, generalmente inmueble, o sobre un derecho.

CARTA ORDEN. DPP: En el orden jurisdiccional penal, mandamiento dirigido por un órgano judicial a otro de grado inferior, para que este ejecute en su nombre una diligencia judicial.

CASAR. DP.- En Derecho Procesal y en relación con el Recurso de Casación, anular.

CASO FORTUITO. DCv: Hecho imprevisto causado por mero accidente, en cuya producción no ha existido ni intencionalidad ni negligencia del sujeto.

CAUCIÓN. DCv: Véase Aval.

CAUDAL HEREDITARIO. DCv: Conjunto de bienes, derechos y obligaciones que integran la herencia o patrimonio de un difunto.

CAUSA. DPP: Autos, procedimiento penal.

CAUSAHABIENTE. DCv: Heredero// Persona cuyo derecho procede de otra.

CAUSANTE. DCv: Titular del caudal hereditario, previamente fallecido. // Persona de la que deriva el derecho que uno ostenta.

CÉDULA. DP: Papel escrito que se entrega al afectado por alguna resolución judicial para que tenga conocimiento de ella o realice o cumpla lo ordenado en la misma, variando, por tanto, su contenido, según sea el de la resolución que la motive.

CÉDULA, ACTUACIÓN POR. DP: Así se llama a la diligencia entendida por el funcionario judicial competente con persona diferente al destinatario original de la misma, pero que surte efectos legales, como si se hubiera desarrollado con ella.

CERTIFICACIÓN. DCv. RC: Documento mediante el cual se garantiza la veracidad de un hecho, o la autenticidad de un escrito o de parte de él.

CHEQUE. DM: Documento mercantil que contiene una orden de quien lo emite (librador), a un banco (librado), de pagar a su legítimo tenedor, cuando este lo muestre, la cantidad en él consignada.

CITACIÓN, DILIGENCIA DE. DP: Actuación procesal realizada por el funcionario competente, cuyo objeto es comunicar a una persona, sea parte o no en el procedimiento, que debe comparecer ante el Tribunal u Oficina Judicial, en fecha y hora concreta para su intervención en la actuación que el órgano que le cita haya fijado.

CITACIÓN POR CÉDULA. DP: Así se denomina a la citación que se efectúa en persona distinta a su original destinatario, pero que surte los mismos efectos legales que si se desarrollara con él, si se ha verificado en forma.

COADYUVANTE. PCA: Persona que tiene interés directo en el mantenimiento del acto o disposición que motiva la interposición del recurso contencioso administrativo, personándose en el mismo por tal causa.

COAUTOR. DPn: Autor de un delito en unión de otro u otros.

CODICILO. DCv: Documento en el que, antes de la entrada en vigor del Código Civil, se solían plasmar disposiciones de última voluntad con menor solemnidad.

CÓDIGO CIVIL. DCv: Texto legal ordenado y metódico que contiene la regulación fundamental del derecho privado español.

CÓDIGO DE COMERCIO. DM: Texto legal ordenado y metódico, que contiene la regulación básica del Derecho Mercantil, comercial o empresarial hispano.

CÓDIGO PENAL. DPn: Texto legal ordenado y metódico, que contiene la regulación esencial del Derecho punitivo o sancionador del Estado.

COMISIÓN DE SERVICIO. DG: Encargo que se realiza a un funcionario público para desempeñar las funciones propias de su cargo en un órgano distinto al de su destino, por tiempo determinado, al concurrir circunstancias de especial necesidad, y previa conformidad del afectado.

COMISIÓN JUDICIAL. DP: Conjunto de funcionarios encargados por la autoridad judicial de cumplimentar alguna actuación o diligencia.

COMISIÓN ROGATORIA. DP: Solicitud de cooperación remitida por un órgano judicial español a otro extranjero, pidiendo la práctica en su nombre de alguna actuación judicial. // Véase Solicitud de Cooperación Jurídica Internacional.

COMPARECENCIA. DP: Personación efectuada por un individuo ante el Juez, Magistrado o Letrado de la Administración de Justicia, por propia iniciativa o a requerimiento del Juzgado, Tribunal u Oficina Judicial, que puede tener finalidades diversas.

COMPARECENCIA PREVIA AL PRONUNCIAMIENTO SOBRE SITUACIÓN PERSONAL. DPP: Acto procesal en el que, a presencia del Ministerio Fiscal, el acusado y su Letrado, y, en su caso, del resto de partes personadas, se escuchará a todas ellas sobre la procedencia o no de ser adoptada por el órgano judicial alguna medida cautelar privativa o limitadora de la libertad del acusado.(Véase Principio acusatorio).

COMPETENCIA. DP: Conocimiento que de un proceso determinado se atribuye a un órgano judicial con exclusión de todos los demás en aplicación de ciertas reglas.

COMPETENCIA FUNCIONAL. DP: Conjunto de reglas que atribuyen el conocimiento de un pleito a determinado órgano judicial, con exclusión de los demás, en razón a criterios jerárquicos por imposición del sistema de recursos.

COMPETENCIA OBJETIVA. DP: Conjunto de normas que otorgan el conocimiento de un asunto a un concreto órgano judicial, con exclusión de los demás, en base a la cuantía o valor de aquello sobre lo que se discute, o a la materia o naturaleza del objeto del debate.

COMPETENCIA TERRITORIAL. DP: Conjunto de reglas que otorgan la tramitación y resolución de un procedimiento a un Juzgado o Tribunal, con exclusión de los demás, atendiendo a estrictas razones de lugar o territorio.

CÓMPLICE. DPn: Persona que, sin ser autora de un delito, coopera en su ejecución con actos anteriores o simultáneos al mismo, no siendo su actuación indispensable para la culminación del hecho delictivo.

COMUNICACIONES. DP: Actos procesales que el órgano judicial realiza dirigiéndose a las partes, a otros sujetos que deban intervenir en el proceso, a otros órganos jurisdiccionales o a otros órganos públicos ajenos a la Administración de Justicia.

COMUNIDAD AUTÓNOMA. OE: Organización territorial uni o pluriprovincial, que reúne territorios limítrofes con características históricas, culturales y económicas comunes, con personalidad jurídica propia, y que ostenta múltiples competencias determinadas constitucionalmente.

CONCILIACIÓN, ACTO DE. DP: Institución jurídica que pretende que el Letrado de la Administración de Justicia o Juez de Paz competente consiga un acuerdo entre dos o más personas afectadas por algún problema de índole legal, para evitar con ello, un proceso contencioso posterior.

CONCLUSIONES. DPP. DPC: Afirmaciones que realizan las partes en el proceso penal, bien provisionalmente en los escritos de calificación, bien de manera definitiva y verbal en el acto del juicio. // En los procesos civiles, afirmaciones que verbalmente realizan las partes intervinientes en determinados procedimientos civiles, al finalizar el juicio y antes de ser dictada la sentencia, cuyo contenido esencial gira en torno a resumir breve y ordenadamente la prueba practicada en relación con los hechos alegados por las mismas.

CONCLUSO PARA SENTENCIA. DP: Estado en el que queda un procedimiento cuando se han culminado en el mismo todas las fases previas, restando exclusivamente su resolución por parte del órgano judicial.

CONCURSO DE DELITOS. DPn: Concurrencia de diversos delitos generados por una pluralidad de acciones (concurso real de delitos), o producido por una sola acción (concurso ideal de delitos).

CONCURSO DE LEYES. DPn: Existencia de varias disposiciones legales que resultan aplicables a un mismo hecho.

CONDENA. DPn: Imposición de una pena al responsable de un delito.

CONDENA CONDICIONAL. DPn: Beneficio que se concede a quien comete un delito por primera vez, careciendo de antecedentes penales, si la pena de privación de libertad que ha merecido por ello es inferior a uno o a dos años, consistente en suspender temporalmente el cumplimiento de la condena impuesta por plazo determinado, a condición de que durante éste no vuelva a cometer ningún hecho ilícito.

CONDONAR. DPC: Perdonar. En el Juicio de Desahucio por falta de pago de las rentas debidas, el actor-acreedor-arrendador puede asumir el compromiso de perdonar total o parcialmente la deuda del demandado-deudor-arrendatario, a cambio de que desaloje la vivienda objeto del pleito en el plazo establecido legalmente, contado a partir del momento en el que se le dé traslado de la demanda.

CONFESIÓN JUDICIAL. DPC: Actualmente y tras la entrada en vigor de la vigente Ley de Enjuiciamiento Civil, Ley 1/2000 de 7 de enero, este medio de prueba se denominada Interrogatorio de las Partes. Antes y ahora se trata de una declaración que en los procesos civiles presta ante el Juez una de las partes sobre puntos de hecho relevantes en el pleito, en base a interrogantes planteadas por la parte contraria, que es la que solicita la práctica de tal interrogatorio. // Véase Interrogatorio de las Partes.

CONFLICTO COLECTIVO. DL: Dificultad o contrariedad que afecta a los intereses generales de los trabajadores.

CONGRESO DE LOS DIPUTADOS. OE: Primera cámara de las Cortes Generales que comparte con el Senado, como principales funciones, el ejercicio del Poder Legislativo del Estado y el control de las actuaciones del Gobierno.

CONGRUENCIA. DPC. Requisito que han de cumplir y ostentar las sentencias resolviendo sobre todas y cada una de las pretensiones formuladas por las partes en los escritos que han dado origen al procedimiento (demanda y contestación).

CONSEJO DE MINISTROS. OE: Órgano colegiado titular del Poder Ejecutivo del Estado, y vértice superior del organigrama de la Administración estatal.

CONSEJO GENERAL DEL PODER JUDICIAL. OE: Órgano de Gobierno de los Jueces y Tribunales, del Poder Judicial por tanto, con competencia sobre todo el territorio nacional.

CONSTITUCIÓN. DC: Norma principal y suprema del ordenamiento jurídico de un país que regula, esencialmente, las funciones del Estado, su estructura territorial, y los órganos fundamentales del mismo, detallando, igualmente, los derechos y deberes de los ciudadanos.

CONSTITUCIONAL. DC: Acorde con la Constitución. // Perteneciente o relativo a la Constitución.

CONTADOR PARTIDOR. DCv: Persona encargada de hacer la partición o reparto de una herencia o de cualquier otro tipo de caudal de bienes.

CONTADOR PARTIDOR DIRIMENTE. DCv: Persona encargada de realizar el reparto de una herencia o de cualquier otro conjunto de bienes, cuando los interesados en ello no aceptan la distribución efectuada por los contadores partidores ordinarios.

CONTENCIOSO ELECTORAL. PCA: Véase Recurso Contencioso Electoral.

CONTESTACIÓN A LA DEMANDA. DPC: Acto procesal por medio del cual el demandado responde a la demanda del actor, alegando los argumentos de hecho y de derecho que estime aplicables en su defensa.

CONVENIO COLECTIVO. DL: Acuerdo entre las organizaciones de trabajadores y los empresarios o las asociaciones empresariales, sobre condiciones de trabajo y empleo, con eficacia superior a cualquier contrato.

CONVENIO REGULADOR. DPC: Documento que, preceptivamente, ha de aportarse en los procedimientos matrimoniales que se tramiten de común acuerdo por ambos cónyuges, y que contiene, para su aprobación por el Juez, las normas de actuación por las que, en lo sucesivo, se regirá el matrimonio en crisis, y, en concreto, el patrimonio conyugal, los hijos, etc.

COOPERACIÓN JURÍDICA INTERNACIONAL. DP: Véase Solicitud de Cooperación Jurídica Internacional.

COPIA FEHACIENTE. DP: Reproducción total o parcial de un documento que tiene carácter de certificación y que, por tanto, se presume auténtica.

COPIA SIMPLE. DP: Reproducción escrita de un documento o de parte de él, que no goza de presunción de autenticidad.

CORONA. OE: Institución propia de los Estados monárquicos que, en nuestro país, se presenta como un órgano constitucional con funciones propias definidas en la Constitución y desligado de los otros poderes del Estado.

CORTES GENERALES. OE: Denominación del conjunto orgánico bicameral compuesto por el Congreso de los Diputados y el Senado, que ostenta la representación del pueblo español, al ser elegidos sus componentes mediante sufragio universal, y que ejerce el Poder Legislativo del Estado.

COSA JUZGADA. DP: Efecto de inimpugnabilidad que se reconoce a una sentencia, al pronunciamiento que contiene, y que impide el replanteamiento del caso a través de un nuevo proceso posterior, cuando entre el ya resuelto y el que está en curso exista identidad entre las cosas, las causas, las personas de los litigantes y la calidad con que lo fueron.

COSTAS DE OFICIO, IMPOSICIÓN DE LAS. DPP: Acuerdo judicial en virtud del cual los gastos habidos en un procedimiento penal corren de cuenta del Estado.

COSTAS PROCESALES. DP: Conjunto de gastos necesarios habidos en un pleito, cuyo abono deberá ser efectuado, según los casos legalmente previstos, por una sola de las partes o por ambas, en los asuntos civiles, o como tercera posibilidad en los procesos penales, por el Estado, cuando sean declaradas o impuestas de oficio. // Véase Tasa por el ejercicio de la potestad jurisdiccional.

COTEJO. DP: Comparación, confrontación, compulsa.

COTEJO DE LETRAS. DPC: Véase Prueba de Cotejo de Letras.

CRIMINOLOGÍA. DG: Ciencia que estudia, entre otras cosas, las causas del delito y el delincuente.

CUENTA DE DEPÓSITOS Y CONSIGNACIONES JUDICIALES. OJ: Nombre que recibe el único depósito bancario cuya apertura está permitida por la Ley a los diferentes órganos jurisdiccionales, y en el que deben efectuarse cuantos ingresos procedan como consecuencia del ejercicio de la administración de la justicia.

CUENTA DEL PROCURADOR. DP: Documento elaborado por el Procurador que contiene el importe de sus honorarios, tanto en concepto de Suplidos, o gastos realizados en nombre de su cliente, como en concepto de Derechos, o partidas cuyo cobro le corresponde por su intervención profesional en el pleito.

CUERPO DE AUXILIO JUDICIAL. OJ.: Pertenecen a este colectivo los funcionarios públicos denominados Auxiliares Judiciales, a los que les corresponde, con carácter general, la realización de cuantas tareas tengan carácter de auxilio a la actividad de los órganos judiciales. Antiguo Cuerpo de Agentes Judiciales.

CUERPO DE GESTION PROCESAL Y ADMINISTRATIVA. OJ. Pertenecen a este colectivo los funcionarios públicos denominados Gestores Procesales y Administrativos, a los que les corresponde, con carácter general, colaborar en la actividad procesal de nivel superior, así como la realización de tareas procesales propias.

CUERPO DE TRAMITACION PROCESAL Y ADMINISTRATIVA. OJ.: Pertenecen a este colectivo los funcionarios públicos denominados Tramitadores Procesales y Administrativos, a los que les corresponde, con carácter general, la realización de cuantas actividades tengan carácter de apoyo a la gestión procesal, como, por ejemplo, la tramitación de los procedimientos judiciales.

CUERPOS DE FUNCIONARIOS AL SERVICIO DE LA ADMINISTRACION DE JUSTICIA. OJ.: Trabajadores públicos que prestan sus servicios profesionales en los Juzgados y Tribunales, y que, actualmente, se distribuyen en los cuerpos de Médicos Forenses, Letrados de la Administración de Justicia, Gestión Procesal y Administrativa, Tramitación Procesal y Administrativa y Auxilio Judicial.

CUESTION DE COMPETENCIA POR DECLINATORIA. DP.: Véase Declinatoria, Cuestión de competencia por.

CUESTION DE INCONSTITUCIONALIDAD. DC.: Planteamiento que formula ante el Tribunal Constitucional un Juez o Tribunal de ser contraria a la Constitución la Ley que debía ser aplicada para la resolución de un pleito.

CUESTION INCIDENTAL. DP.: Asunto accesorio distinto del que constituye el objeto del pleito principal, pero que guarda con este una relación inmediata /// Asuntos que se susciten respecto de presupuestos y requisitos procesales de influencia en el proceso./// Véase Procedimiento Incidental.

CUESTION PREJUDICIAL. DP.: Interrogante que surge en un procedimiento ya iniciado y que supone un obstáculo para la continuación del juicio, por exigir su resolución previa, por lo que la tramitación del pleito se paraliza, debiendo ser decidida la cuestión surgida por la jurisdicción que corresponda según su naturaleza (civil, penal, laboral, etc.).

CULPA. DPn.: Negligencia /// Daño involuntario ocasionado por imprudencia.

CULPABILIDAD. DPn.: Responsabilidad que es consecuencia de la participación en la comisión de un delito.

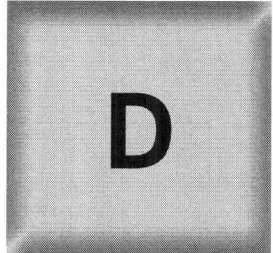

DAÑOS. DPn: Desperfectos o destrozos materiales apreciables externamente, que el delincuente causa en bienes ajenos.

DAÑOS Y PERJUICIOS. DPn: Véase Responsabilidad Civil.

DECLARACIÓN DE AUTOS CONCLUSOS PARA RESOLUCIÓN. DP: Véase Concluso para sentencia.

DECLARACIÓN DE HEREDEROS ABINTESTATO. DPC: Expediente judicial o notarial empleado para determinar fehacientemente la identidad de los sucesores del que ha fallecido sin otorgar testamento.

DECLARACIÓN DE LESIVIDAD. PCA: Pronunciamiento que ha de efectuar la Administración autora de un acto o disposición reconociendo que el mismo vulnera los intereses públicos, como requisito previo para que pueda impugnarlo ella misma ante la Jurisdicción Contencioso Administrativa.

DECLARACIÓN DE PERTINENCIA. DPC: Decisión del órgano judicial decretando la conveniencia de alguna propuesta realizada por las partes en el proceso.

DECLARACIÓN DE REBELDÍA. DPC. DPP: Resolución procesal dictada cuando el demandado no se persona formal y adecuadamente en el pleito tras ser emplazado para ello, continuando el procedimiento sin más citarlo. Véase Rebelde. // Resolución procesal dictada cuando el procesado se encuentra en ignorado paradero, y no se presenta, o es presentado, ante el Juez que lo reclama en el plazo fijado para ello en las requisitorias.

DECLARACIÓN INDAGATORIA. DPP: Primera manifestación que el órgano judicial toma al presunto responsable de un delito tras ser dictado contra el auto de procesamiento.

DECLINATORIA, CUESTIÓN DE COMPETENCIA POR. DP: Mediante la declinatoria el demandado y los que puedan ser parte legítima en el juicio promovido podrán denunciar la falta de jurisdicción del tribunal ante el que se ha interpuesto la demanda, por corresponder el conocimiento de ésta a tribunales extranjeros, a órganos de otro orden jurisdiccional o a árbitros, o para denunciar la falta de competencia de todo tipo, incluso la territorial.

DECRETO. DG: Resolución motivada que dicta el Letrado de la Administración de Justicia en asuntos procesales de su competencia cuando fuere conveniente o necesario razonar lo resuelto. /// Orden o determinación del Gobierno acerca de cualquier materia o asunto de su competencia /// Real Decreto.

DECRETO LEGISLATIVO. DG: Disposición del Gobierno que contiene legislación delegada, siendo esta la que previamente le confía para su elaboración el Congreso de los Diputados.

DECRETO LEY. DG: Disposición legislativa provisional dictada por el Gobierno en caso de extraordinaria y urgente necesidad que no podrá afectar a determinadas materias y que deberá ser sometida de inmediato a debate y votación en el Congreso de los Diputados.

DEFENSA TÉCNICA. DG: Véase Abogado.

DEFENSOR JUDICIAL. DCv: Persona judicialmente designada para representar y amparar los intereses de un menor cuando exista conflicto entre los suyos y los de su representante legal, así como en otros supuestos legalmente establecidos.

DEFUNCIÓN. DG: Fallecimiento, muerte.

DELEGACIÓN, ACTUACIONES POR. DPP: Véase Actuaciones por Delegación.

DELEGACIÓN LEGISLATIVA. DG: Acto del Poder Legislativo mediante el cual autoriza al Poder Ejecutivo para regular materias que, de otra forma, le estarían prohibidas. // Véase Decreto Legislativo.

DELINCUENTE. DPn: Persona que quebranta o vulnera la Ley.

DELITO. DPn: Acción u omisión que supone una infracción legal que está castigada con pena grave.

DELITO FLAGRANTE. DPn: Se considerará delito flagrante el que se estuviese cometiendo o se acabare de cometer cuando el delincuente sea sorprendido en el acto. Se entenderá sorprendido en el acto no sólo al delincuente que fuere detenido en el momento de estar cometiendo el delito, sino también al detenido o perseguido inmediatamente después de cometerlo, si la persecución durare o no se suspendiere mientras el delincuente no se ponga fuera del inmediato alcance de los que le persiguen. También se considerará delincuente in fraganti aquel a quien se sorprendiere inmediatamente después de cometido un delito con efectos, instrumentos o vestigios que permitan presumir su participación en él.

DELITO FRUSTRADO. DPn: Aquel que, contra la voluntad del culpable, no logra el fin perseguido, pese a haber sido realizados todos los actos necesarios para su consumación.

DELITO LEVE. DPn.: Infracción penal castigada en el Código Penal con pena leve.

DELITO PRIVADO. DPn: Aquel que exclusivamente puede ser perseguido por las autoridades judiciales tras ser formulada querella o denuncia por el ofendido o su representante legal, sin que en los procedimientos incoados al efecto intervenga el Ministerio Fiscal.

DELITO PÚBLICO. DPn: Aquel que es perseguible de oficio por las autoridades judiciales, sin que se requiera denuncia o querella previa por parte del ofendido o de su representante legal, interviniendo siempre en los procedimientos incoados al efecto el Ministerio Fiscal.

DELITOS CONEXOS. DPn: Aquellos vinculados entre sí por razón de las personas que los cometen, del lugar de la comisión, de la preparación de su ejecución, o por otros lazos o nexos establecidos por la Ley.

DELITO SEMIPÚBLICO O SEMIPRIVADO. DPn: Aquel que requiere para que se incoe un procedimiento por su causa, de denuncia o querella formulada por el ofendido o perjudicado por el delito, o por su representante legal, impulsándose a partir de ese momento el proceso de oficio y con intervención del Ministerio Fiscal.

DEMANDA. DPC: Escrito formal con el que normalmente comienzan los pleitos, mediante el cual una persona, actor o demandante, solicita del Juzgado o Tribunal una determinada tutela jurídica en forma de sentencia favorable, frente a otra persona, denominada demandado.

DEMANDADO. DPC: Persona a la que se demanda o pide algo en juicio.

DEMANDA EJECUTIVA. DPC: Solicitud de tutela jurídica con la que se interesa la ejecución de resoluciones procesales firmes y definitivas, acuerdos transaccionales o arbitrales.

DEMANDANTE. DPC: Persona que demanda o pide algo en juicio.

DEMANDA RECONVENCIONAL. DPC: Véase Reconvención.

DENEGACIÓN DE AUXILIO. DPn: Delito consistente en la omisión intencionada, por parte de funcionarios públicos o de particulares, de la debida cooperación con la administración de justicia o con otro servicio público.

DENUNCIA. DPn. DPP: Noticia verbal o escrita que cualquier persona proporciona a la autoridad competente de haberse cometido un delito.

DENUNCIADO. DPn. DPP: Persona a la que el denunciante imputa la responsabilidad de los hechos que han motivado la denuncia.

DENUNCIA FALSA. DPn: Imputación carente de fundamento de un delito perseguible de oficio, realizada por una persona contra otra ante un funcionario que está obligado a iniciar diligencias para el esclarecimiento de lo sucedido.

DENUNCIANTE. DPn. DPP: Persona que hace o formula una denuncia.

DEPOSITARIO. DCv: Persona que recibe una cosa ajena con la obligación de guardarla y restituirla.

DEPOSITO. DCv: Acto o contrato en virtud del cual una persona recibe un bien o cosa ajena con la obligación de guardarla y de restituirla.

DEPÓSITO PARA RECURRIR. DP.- Abono económico que debe realizar quien decida impugnar una resolución dictada en el proceso y que constituirá requisito indispensable para su tramitación.

DERECHO. DG: Objetivamente, conjunto de normas que regulan la actividad humana en sociedad, cuya inobservancia está sancionada. // Subjetivamente, facultades o prerrogativas que pertenecen a un individuo. // Justicia. // Valor portador de la Justicia.

DERECHO ADMINISTRATIVO. DG: Conjunto de normas que regulan la organización, funciones y procedimientos de la Administración en sus diferentes manifestaciones.

DERECHO CIVIL. DG: Conjunto de normas que regulan las relaciones privadas de los ciudadanos entre sí.

DERECHO FORAL. DG: Derecho civil especial propio de algunas zonas del Estado Español que existe y se mantiene por razones históricas.

DERECHO LABORAL. DG: Conjunto de normas que regulan los aspectos jurídicos del mundo del trabajo así como las relaciones legales entre empresarios y trabajadores.

DERECHO MERCANTIL. DG: Conjunto de normas que regulan las relaciones concernientes a personas, lugares, contratos y actos de comercio, tanto terrestre como marítimo.

DERECHO PENAL. DG: Conjunto de normas que regulan el castigo de los delitos mediante la imposición de penas.

DERECHO PROCESAL. DG: Conjunto de normas que regulan los diferentes procedimientos judiciales.

DERECHOS REALES. DCv: Los que tienen las personas sobre las cosas.

DESAHUCIO, ACCIÓN DE. DPC: Ejercicio ante un Juzgado por parte del propietario de un inmueble de su derecho a despedir o echar del mismo a su inquilino o arrendatario.

DESISTIMIENTO. DP: Declaración de voluntad del actor en el sentido de no querer continuar con el procedimiento que se inició a su instancia, y que motiva su archivo.

DESLINDE Y AMOJONAMIENTO. DPC: Acción procesal que judicialmente persigue demarcar, señalar los términos, límites o confines de un terreno o finca.

DESPACHO. DG: Término que, en ocasiones, se emplea como sinónimo de exhorto o, en general, de cualquier comunicación que se remite desde un Juzgado o Tribunal a otro organismo. // Véase Exhorto.

DESPACHO DE LA EJECUCIÓN. DPC: Autorización judicial, que revestirá la forma de auto, que contiene la orden general de ejecución y despacho de la misma, tras la cual el Letrado de la Administración de Justicia, mediante decreto, acordará las actuaciones judiciales ejecutivas que proceda adoptar, incluido, si fuere posible, el embargo.

DESPIDO. DL: Extinción de un contrato laboral decidida por la voluntad unilateral del empresario.

DESVIACIÓN DE PODER. DA: Ejercicio por parte de la Administración de sus potestades para fines diferentes de los previstos en el ordenamiento jurídico, en perjuicio de los ciudadanos.

DETENCIÓN. DPP: Privación breve y provisional de la libertad de una persona a cargo de un particular, o de la autoridad o sus agentes, en los casos determinados en la Ley.

DETENCIÓN Y REGISTRO DE CORRESPONDENCIA. DPP: Retención que se efectúa por orden judicial de la correspondencia privada, postal o telegráfica, que recibiere o remitiere el procesado, para su posterior apertura y lectura por el Juzgado, al existir indicios de que, con tal operación, se obtendrán medios para el descubrimiento o comprobación de hechos o importantes circunstancias en el expediente que se tramita.

DÍA MULTA. DPn: Pena introducida por el actual Código Penal que consiste en la imposición al condenado de la obligación de abonar una sanción económica al Estado durante un número concreto de días, estableciéndose simultáneamente el montante diario que debe ser satisfecho (por ejemplo, se condena a D.......... a la pena de diez días multa, fijándose la suma de 30,05 euros como cuota día multa. En total deberá abonar 300,51 euros).

DICTAMEN DE PERITOS. DPC: Véase Prueba de Dictamen de Peritos.

DILIGENCIA DE CITACIÓN. DP: Actuación procesal que refleja en autos el cumplimiento de la orden previa del órgano judicial de citar a una persona para que comparezca y actúe en un lugar y momento concreto y determinado.

DILIGENCIA DE CONSTANCIA. DP: Actuación procesal mediante la cual se plasma en los autos la producción de un determinado hecho, importante para el desarrollo del procedimiento, tal como el transcurso de un plazo, etc.

DILIGENCIA DE EMPLAZAMIENTO. DP: Actuación procesal que refleja en el expediente el cumplimiento de la orden previa del órgano judicial de emplazar a una persona.

DILIGENCIA DE INSPECCIÓN OCULAR. DPP: Reconocimiento que el Juez realiza del lugar en el que se han producido los hechos, con el fin de describir todo aquello que pueda tener relación con la existencia y la naturaleza del delito, así como de recoger y conservar los posibles vestigios y pruebas materiales de su perpetración.

DILIGENCIA DE NOTIFICACIÓN. DP: Actuación procesal que refleja en el expediente el cumplimiento de la orden previa del órgano judicial de notificar, o hacer saber, una resolución a las partes en el proceso.

DILIGENCIA DE ORDENACIÓN. DP: Resolución del Letrado de la Administración de Justicia que tiene por objeto dar a los autos el curso ordenado por la Ley.

DILIGENCIA DE PRESENTACIÓN. DP: Actuación procesal que acredita la entrada en el tribunal de demandas, escritos de iniciación del procedimiento y de cualesquiera otros cuya presentación esté sujeta a plazo perentorio, reseñándose el día y la hora de presentación, y facilitando recibo de los escritos y documentos en cuestión.

DILIGENCIADO. DP: Cumplido mediante la verificación de las oportunas diligencias.

DILIGENCIA EN BUSCA. DPC: Intento de localización, sin éxito, de una persona, con el fin de entenderse con él una determinada actuación procesal.

DILIGENCIA FINAL. DPC: Véase Diligencias Finales de Prueba.

DILIGENCIAS. DP: Véase Autos.

DILIGENCIAS FINALES DE PRUEBA. DPC: Práctica de una o varias pruebas que el titular del órgano judicial ordena de oficio, o a instancia de parte, tras ser declarado el pleito concluso para sentencia, interrumpiéndose, por tanto, el plazo de dictar la misma, con el fin de resolver la controversia planteada de una manera más acertada. La anterior Ley de Enjuiciamiento Civil denominaba a esta misma actuación Diligencias para mejor proveer.

DILIGENCIAS PARA MEJOR PROVEER. DPC: Véase Diligencias Finales de prueba.

DILIGENCIAS PRELIMINARES. DPC: Conjunto de actuaciones encaminadas a preparar un juicio, mediante las cuales quien pretende formular en el futuro una demanda solicita del tribunal que se cite al que será en su día demandado para la verificación ante el órgano judicial de determinadas diligencias.

DILIGENCIAS PREVIAS. DPP: Fase o periodo del Procedimiento Abreviado, que equivale a la de instrucción en el Sumario Ordinario, cuyo objeto es determinar la naturaleza y circunstancias del hecho investigado, las personas que en él hayan participado, y el órgano judicial competente para su enjuiciamiento y resolución.

DIPUTADO. OE: Miembro del Congreso de los Diputados.

DIRECCIÓN GENERAL DE LOS REGISTROS Y DEL NOTARIADO. OE: Órgano del Ministerio de Justicia que ostenta el lugar más elevado en la estructura jerárquica organizativa de los servicios que prestan Notarías, Registros Civiles y de la Propiedad.

DIVORCIO. DCv: Disolución o extinción del vínculo matrimonial.

DOBLE INSTANCIA. DP: Principio procesal en virtud del cual y por la vía del recurso, pueden ser revisadas las resoluciones dictadas por un órgano judicial, por otro que sea jerárquicamente superior.

DOCUMENTO INDUBITADO. DPC: Se dice de aquel que es considerado auténtico por ambas partes en un procedimiento, y que servirá de modelo para su comparación o cotejo con el que ha sido calificado de falso por alguna de ellas.

DOCUMENTO PRIVADO. DP: Se dice de aquel que ha sido autorizado o realizado por particulares, y que, por tanto, sólo hace prueba contra quienes lo han suscrito y sus herederos.

DOCUMENTO PÚBLICO. DP: Se dice de aquel que ha sido autorizado por una persona que tiene atribuida la fe pública, es decir, el oficio de certificar la fecha, los sujetos intervinientes y los actos realizados a su presencia.

DOCUMENTOS PRECONSTITUIDOS. DPC: Aquellos documentos aportados junto con los escritos de demanda y de contestación a la demanda, a los que se remiten las partes una vez iniciado el Juicio o Vista.

DOLO. DPn: Actuación maliciosa o intencionada.

DOMINIO. DCv: Plenitud de los derechos que las leyes reconocen al propietario de una cosa para disponer de ella.

EDICTO. DP: Comunicación por escrito del Letrado de la Administración de Justicia que se fija en el Tablón Edictal Judicial Único, para poner algo en conocimiento de las personas interesadas en el procedimiento que se tramita, estén o no personadas, según los casos, o cuyo domicilio se ignore.

EFECTO DEVOLUTIVO. DP: Consecuencia que acarrea la interposición de determinados recursos, y que implica el envío del expediente objeto de los mismos, a un órgano judicial superior para su resolución.

EFECTO SUSPENSIVO. DP: Consecuencia que acarrea la interposición de determinados recursos y que implica la inejecución provisional de lo decretado en la resolución impugnada.

EJECUCIÓN. DP: Conjunto de trámites empleados por una Oficina Judicial para dar cumplimiento al mandato contenido en la resolución procesal que ponga fin al procedimiento, en un acuerdo transaccional o en un laudo arbitral.

EJECUCIÓN PROVISIONAL. DPC: Conjunto de trámites empleados por una Oficina Judicial para dar cumplimiento al mandato contenido en la resolución que aún no ha alcanzado firmeza, previa prestación de fianza por parte de quien la insta al objeto de paliar los daños y perjuicios que tal actuación pueda generar.

EJECUTADO. DPC: Demandado, persona frente a la que se despacha la ejecución.

EJECUTANTE. DPC: Demandante, actor, persona que pide y obtiene el despacho de la ejecución.

EJECUTORIA. DP: Documento público y solemne en el que se consigna una sentencia firme.

ELEVACIÓN DE LA DETENCIÓN A PRISIÓN, AUTO DECRETANDO LA. DPP: Resolución judicial en virtud de la cual se trasforma en prisión provisional la situación de detención en la que, hasta ese instante, se encontraba el presunto responsable de un delito, al concurrir en el caso circunstancias que legalmente así lo aconsejan, y antes de que hayan transcurrido setenta y dos horas desde el momento en el que se produjo la detención.

EMANCIPAR. DCv: Sacar de la patria potestad o de la tutela al menor de edad, pero con dieciséis años cumplidos, considerándolo tras ello mayor de edad a todos los efectos legales.

EMBARGO. DP: Retención de bienes propiedad de una persona que se realiza por orden del Letrado de la Administración de Justicia, afectándolos, destinándolos, a garantizar el pago de una deuda.

EMBARGO DEFINITIVO. DP: Se dice de aquel que se decreta en los trámites seguidos para la ejecución de una sentencia, auto o decreto.

EMBARGO NEGATIVO O SIN EFECTO. DP: Se dice de aquel que no alcanza su objetivo, al carecer el deudor de bienes que retener, y con los que garantizar el pago de lo debido.

EMBARGO PREVENTIVO. DP: Se dice de aquel que se lleva a cabo antes de ser dictada sentencia, auto o decreto que ponga fin al proceso, en los casos previstos por la Ley, y que, por tanto, podrá ser dejado sin efecto, o ratificado, en la resolución judicial que ponga fin al pleito o en fase de ejecución.

EMPLAZAMIENTO, DILIGENCIA DE. DP: Actuación procesal realizada por el funcionario competente cuyo objeto es comunicar al destinatario de la misma que debe personarse y realizar una determinada actuación con consecuencias jurídicas, dentro del periodo de tiempo que se le concede al efecto.

ENCARGADO DEL REGISTRO CIVIL. RC: Juez que tiene atribuidas, en una ciudad o en un pueblo, todas las competencias inherentes o relativas al Registro Civil.

ENCUBRIDOR. DPn: Persona que participa en las responsabilidades de un delito, por favorecer la ocultación o la fuga del delincuente, por impedir que se descubra el quebrantamiento de la Ley, o por aprovecharse de sus efectos.

ENERVAR. DG: Anular. // En los procedimientos en los que se ejerce la acción de desahucio por falta de pago de las rentas u otras cantidades a cuyo abono esté obligado el arrendatario demandado, la enervación de tal acción implica el archivo del procedimiento cuando tal demandado paga la totalidad de las sumas debidas, en los casos y en los plazos previstos legalmente, rehabilitándose el contrato de arrendamiento. // Véase Rehabilitar.

ENTRADA Y REGISTRO, AUTO DE. DPP: Resolución judicial que ordena la incursión en un domicilio o dependencia privada, con el fin de hallar en el mismo al responsable de un delito, o efectos o instrumentos vinculados con el mismo, así como libros, papeles u otros objetos que puedan servir para su descubrimiento o comprobación.

ESCRITO DE DEFENSA. DPP: Documento presentado por la representación procesal del procesado (Sumario) o del inculpado (Procedimiento Abreviado), tras la formulación contra él de los escritos de acusación, en el que responde a los argumentos de todo tipo que en su contra se hayan formulado en referidos escritos. // Véase, complementariamente, Conclusiones.

ESCRITOS DE ACUSACIÓN. DPP: Documentos presentados por el Ministerio Fiscal y por las acusaciones particulares en los procedimientos penales, una vez finalizada su fase de instrucción o de diligencias previas, solicitando la celebración de juicio contra quienes ellos consideran presuntos responsables del delito perseguido, efectuando un resumen de los hechos, calificando penalmente los mismos, y proponiendo los medios de prueba que estimen oportunos para la acreditación de sus argumentos. // Véase, complementariamente, Conclusiones.

ESCRITURA PÚBLICA. DCv: Documento o instrumento notarial con el que se prueba o acredita un hecho.

ESCRITURA PÚBLICA MATRIZ. DCv: Documento notarial original con el que se prueba o acredita un hecho, conservado en el archivo de la Notaría, que se denomina Protocolo.

ESTADO. DG: Comunidad organizada en un territorio definido que cuenta con leyes y poderes propios.

ESTADO CIVIL. RC: Cualidad de la persona que se considera fundamental, y que produce efectos jurídicos.

ESTAFA. DPn: Delito contra la propiedad que consiste en engañar a alguien, utilizando abuso de confianza, y con ánimo de lucro.

ESTATUTO DE AUTONOMÍA. DG: Norma institucional básica o primordial de cada una de las Comunidades Autónomas.

ESTIPULACIONES. DG: Cada una de las clausulas, condiciones o disposiciones de un contrato, o de una subasta.

ESTUPRO. DPn: Denominación que recibía en el antiguo Código Penal la actual modalidad de delito contra la libertad e indemnidad sexual de las personas, dentro de los abusos sexuales, que consiste en tener acceso carnal con otra mayor de trece años, pero menor de dieciséis, interviniendo engaño o prevaliéndose el agresor para ello de su superioridad, cualquiera que fuere la causa que la origine.

EXACCIÓN. DP: Cobro de un débito que se efectúa contra la voluntad del deudor. // Véase Apremio, Vía de.

EXCEDENCIA. DG: Situación administrativa en la que se encuentra un funcionario público que está temporalmente apartado, forzosamente o de manera voluntaria, pero no como consecuencia de una sanción, del servicio que presta al Estado.

EXCEPCIÓN. DPC: Todo medio de defensa que el demandado puede esgrimir frente a la demanda, y con el que pretende conseguir su absolución, provisional o definitiva, respecto a los pedimentos efectuados por la parte contraria.

EXCEPCIÓN MATERIAL. DPC: Véase Excepción.

EXHORTO. DP: Comunicación escrita que remite una oficina judicial a otra para que, por el receptor, se realice alguna actuación procesal en nombre del primero. // Véase Auxilio Judicial.

EXPEDIENTE ADMINISTRATIVO. DA: Actuaciones realizadas ante la Administración, que tienen su origen en una petición formulada ante la misma por un ciudadano, y cuya resolución final, al ser impugnada ante el órgano jurisdiccional pertinente, da lugar a la incoación del Recurso Contencioso Administrativo.

EXPEDIENTE DE DOMINIO. DP: Actuaciones de Jurisdicción Voluntaria que tienen por objeto la inscripción en el Registro de la Propiedad por vez primera, de una finca que no estaba inmatriculada, o la reanudación del tracto sucesivo interrumpido, por no haber tenido reflejo en el mismo Registro, uno o varios cambios de titularidad de la finca, acaecidos en los últimos años.

EXPEDIENTE DE REGISTRO CIVIL. RC: Actuaciones verificadas ante cualquiera de los órganos competentes en esta materia, sobre cuestiones vinculadas con temas que le son propios.

EXPEDIENTE DIGITAL. DP: Véase Expediente Judicial Electrónico.

EXPEDIENTE JUDICIAL ELECTRÓNICO. DP: Conjunto de documentos electrónicos correspondientes a un procedimiento judicial, cualquiera que sea el tipo de información que contenga.

EXPLORACIÓN DE UN MENOR. DPP: Toma de manifestación que el Juez recibe a un menor de edad penal, en presencia del Ministerio Fiscal o de su representante legal, respecto a hechos de trascendencia para el procedimiento, de los que pueda dar noticia.

EXTRADICIÓN. DPP: Procedimiento que regula la posible entrega por un Estado a otro de una persona que se encuentra refugiada en el primero, y que es reclamada por el segundo, con el fin de juzgarlo conforme a sus leyes, por delitos cometidos en su territorio, o para que cumpla en él la condena que tiene pendiente.

EXTRADICIÓN ACTIVA. DPP: Cuando es el Estado español el que solicita a otro la entrega de una persona.

EXTRADICIÓN PASIVA. DPP: Cuando es otro Estado el que solicita al español la entrega de una persona.

FALSO TESTIMONIO. DPn: Delito que castiga el haber faltado a la verdad tanto en procedimientos civiles como en pleitos penales, cuando se ha declarado o informado en los mismos, bajo juramento o promesa, en calidad de testigo o de perito.

FALTA. DPn: Acción u omisión que supone una infracción legal y que está castigada con pena leve. Actualmente el Código Penal no regula este tipo de infracciones penales.

FALLAR. DP: Resolver, decidir en un proceso o litigio.

FALLO. DP: Parte dispositiva de la sentencia, en la que se contiene la decisión del tribunal tras la exposición de los hechos y de los fundamentos de derecho.

FASES DE LOS PROCEDIMIENTOS CIVILES. DPC: Etapas que conforman la tramitación normal de este tipo de pleitos, y que son la de alegaciones, la de proposición y práctica de pruebas, y la de conclusiones.

FASES DEL PROCEDIMIENTO PENAL. DPP: Etapas que integran la tramitación de esta clase de procesos, y que son, básicamente, la de instrucción, la de preparación del juicio oral, y la de juicio oral.

FECHA. DG: Dato referido al tiempo o momento actual en el que tiene lugar una actuación procesal determinada.

FEDATARIO. DG: Denominación genérica aplicable al Notario, al Letrado de la Administración de Justicia, y a otros funcionarios que gozan de la fe o credibilidad pública.

FE PÚBLICA. DG: Credibilidad general que se reconoce a los Notarios, y que se extiende a los contratos y a otros actos solemnes en los que intervienen.

FE PÚBLICA JUDICIAL. DP: Credibilidad general que se reconoce a los Letrados de la Administración de Justicia, y que se extiende a todas y a cada una de las actuaciones de los diferentes órganos jurisdiccionales en las que, imperativamente, deben intervenir.

FIANZA. DCv: Véase Aval.

FILIACIÓN. DCv: Relación que une a los padres con sus hijos, ya sean estos naturales o adoptivos.

FINCA. DCv: Bien inmueble de naturaleza rústica o urbana.

FIRMEZA. DP: Estado que alcanza una resolución judicial cuando, contra la misma, no cabe la interposición de recurso alguno, siendo por ello inamovible.

FISCAL. OJ: Véase Ministerio Fiscal.

FISCAL DE ÁREA. OJ.- Fiscalía creada cuando el volumen de asuntos, el número de órganos judiciales dentro de una provincia o la creación de una sección de la Audiencia Provincial en sede distinta de la capital de la misma lo aconsejen.

FORENSE. OJ: Véase Médico Forense.

FORMULARIO, IMPRESO O SOLICITUD DE DEMANDA. DPC: Escrito mediante el cual una persona, actor, solicita del Juzgado una determinada tutela jurídica frente a otra, demandado, que no ha de observar los estrictos requisitos formales que sí han de contener las demandas propiamente dichas. En el orden jurisdiccional civil es posible su empleo para formular la petición inicial con la que da comienzo el Juicio Monitorio, así como en el Juicio Verbal cuando la reclamación que se efectúe sea inferior a novecientos euros.

FUERO. DP. DG: Jurisdicción. // Ley o Código medieval.

FUNCIONARIO. DG: Trabajador público. // Empleado de la Administración.

FUNCIONARIO DE CARRERA. DG: Se dice de aquel al que la Ley permite el ascenso o promoción profesional dentro de la Administración a la que pertenece, tras el cumplimiento de determinadas condiciones.

FUNDAMENTOS DE DERECHO. DP: Argumentos legales utilizados por las partes en defensa de sus pretensiones, o por el órgano judicial como base de la resolución dictada para solventar la controversia ante él planteada.

GENERALES DE LA LEY. DP: Preguntas que han de formularse a todo testigo, tras prestar juramento o promesa, y antes de comenzar el interrogatorio específico, relativas tanto a sus circunstancias personales como a la relación que pueden mantener con las partes, al objeto de despejar dudas respecto a la veracidad o parcialidad de su declaración.

GESTOR PROCESAL Y ADMINISTRATIVO. OJ.: Véase Cuerpo de Gestión Procesal y Administrativa..

GRAVAMEN. DCv: Véase Carga.

GUARDAR SALA. DG: Función de los funcionarios integrantes del Cuerpo de Auxilio Judicial, consistente en mantener el orden en los actos públicos celebrados en los Juzgados y Tribunales.

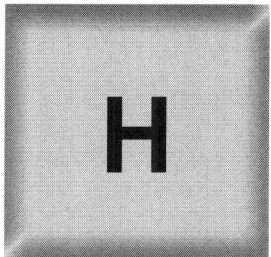

HABEAS CORPUS. DPP: Derecho que tiene todo ciudadano detenido a ser oído por un Juez inmediata y públicamente, para resolver si su arresto fue o no legal y si debe alzarse o mantenerse /// Procedimiento empleado para ejercitar el derecho antes definido.

HABILITACIÓN. OJ: Acción por la cual se faculta a un funcionario para realizar actos que sin ella le estaban vedados, y cuya verificación no le correspondía originariamente en atención a su estatus o categoría profesional.

HECHOS. DP: Casos o sucesos que motivan o sirven de base y antecedente a un procedimiento o causa.

HECHOS PROBADOS. DP: Sucesos que se han declarado acreditados en la sentencia, en base a cuanto se ha manifestado, actuado y probado en el expediente.

HIPOTECA. DCv: Carga o gravamen que pesa sobre bienes inmuebles, para garantizar el cumplimiento de una obligación o el pago de una deuda.

HOMICIDIO. DPn: Muerte que una persona da a otra.

HONORARIOS. DG: Suma de dinero con la que se remunera el trabajo realizado por un profesional liberal, es decir, por quien labora por cuenta propia, ejerciendo libremente su profesión.

HUELGA. DL: Suspensión colectiva del trabajo, adoptada por iniciativa de los trabajadores actuando de común acuerdo.

HURTO. DPn.: Delito consistente en la toma o apropiación de bienes ajenos realizada sin violencia.

IMPARCIALIDAD. DP: Neutralidad de la que deben gozar los Jueces en el ejercicio de sus funciones.

IMPEDIMENTO. DCv: Obstáculo legal que impide la celebración de un matrimonio.

IMPRUDENCIA. DPn: Véase Culpa.

IMPUGNACIÓN. DP: Rechazo formal manifestado por cualquiera de las partes o por ambas, respecto a determinadas actuaciones procesales o resoluciones judiciales, con el fin de que sean revisadas y modificadas.

IMPUGNACIÓN DE UNA RESOLUCIÓN APELADA. DPC: Rechazo de una resolución que ha sido apelada por una parte que efectúa otra distinta en lo que aquella le resulta desfavorable.

IMPUGNACIÓN DE UN RECURSO, ESCRITO DE. DP: Se dice de aquel que contiene los argumentos utilizados por una de las partes en su ánimo de refutar los empleados por la contraria en el escrito de interposición del recurso.

IMPULSO PROCESAL. DP: Característica del proceso en virtud de la cual las actuaciones que lo componen se suceden unas a otras según el orden legalmente establecido.

IMPULSO PROCESAL DE OFICIO. DP: Se dice de aquel que provoca el órgano judicial sin necesidad de que lo pidan las partes, siendo característico de los procesos penales.

IMPULSO PROCESAL DE PARTE. DP: Se dice de aquel que realiza el órgano judicial a instancia o requerimiento de una de las partes o de ambas.

IMPUTADO. DPn: Véase Inculpado.

INADECUACIÓN DE PROCEDIMIENTO. DPC: Excepción que consiste en manifestar al órgano judicial que el camino o proceso elegido por el actor para plantear su pretensión no es el que legalmente procede.

INADMISIÓN DE DOCUMENTOS. DPC: Rechazo que decreta el órgano jurisdiccional respecto a los documentos que las partes aportan a los autos, bien por no haberlos presentado junto con la demanda o con la contestación a la misma, bien por cualquiera otra causa prevista en la Ley.

INAMOVILIDAD. DP: Cualidad de la que deben gozar los Jueces, que consiste en su permanencia en la función que se les atribuyó por Ley, sin que puedan ser alejados de la misma arbitrariamente, sino por las causas legalmente previstas.

INCIDENTE. DP: Véase Cuestión Incidental.

INCOAR. DP: Dar comienzo a un proceso, pleito, expediente, o a alguna otra actuación judicial.

INCOMPETENCIA. DP: Falta de competencia.

INCONSTITUCIONAL. DC: Contrario a la Constitución, ajeno a ella.

INCONSTITUCIONALIDAD, CUESTIÓN DE. DC: Véase Cuestión de Inconstitucionalidad.

INCONSTITUCIONALIDAD, RECURSO DE. DC: Véase Recurso de Inconstitucionalidad.

INCULPADO. DPP: Sujeto contra el que se dirige la acusación en el proceso penal, frente al que se adoptan, por ello, distintas resoluciones y se practican diversas diligencias, tendentes todas ellas a asegurar su persona y bienes.

INDEFENSIÓN. DP: Situación ilegal en la que queda una de las partes en un proceso, cuando se le impide el ejercicio de un derecho de naturaleza procesal, restringiendo o anulando sus posibilidades de defensa.

INDEPENDENCIA. DP: Cualidad de la que deben gozar los Jueces en el ejercicio de sus funciones, y que consiste en su soberanía y autonomía absoluta, no sólo respecto a las partes en el proceso, sino también con respecto a los representantes de los Poderes Ejecutivo y Legislativo, y al resto de los órganos jurisdiccionales superiores, en definitiva, frente a todos y ante todos.

INDICIOS. DG: Hechos de los cuales se desprenden o deducen otros de trascendencia para la adecuada resolución del proceso.

INFORMACIÓN PARA LA PERPETUA MEMORIA. DP: Expediente de Jurisdicción Voluntaria empleado para obtener una resolución judicial que avale o garantice los hechos, de diversa naturaleza, que se hayan alegado por el promotor en su escrito inicial.

INFORMACIÓN TESTIFICAL. DP: Manifestación que se recibe por el órgano judicial a los testigos ofrecidos por el promotor de un expediente de Jurisdicción Voluntaria en el escrito inicial.

INFORME DE SANIDAD. DPP: Noticia exacta y pormenorizada que da el Médico Forense de la curación obtenida por quien ha sufrido lesiones, y del proceso requerido para ello.

INFORME PERICIAL. DP: Dictamen que emite el perito, verbalmente o por escrito, respecto a aquello que ha sido objeto de su estudio por orden del órgano jurisdiccional o a petición de parte.

INFRACCIÓN DE NORMAS PROCESALES. DPC: Véase Recurso de Casación.

INFRACCIÓN PROCESAL, RECURSO EXTRAORDINARIO POR. DPC: Véase Recurso Extraordinario por Infracción Procesal.

INHIBIRSE. DP: Dejar de conocer de un asunto por estimar el juzgador que no tiene competencia para ello.

INJURIA. DPn: Insulto, ultraje, agravio realizado de obra o de palabra.

INMEDIACIÓN DP: Deber de Jueces y Magistrados miembros del Tribunal que esté conociendo de un asunto, de presenciar las vistas y comparecencias, las declaraciones de las partes y de testigos, los careos, la exposiciones, explicaciones y respuestas que hayan de ofrecer los peritos, así como la crítica oral de sus dictámenes, y cualquier otro medio de prueba que, conforme a lo dispuesto en la ley, debe llevarse a cabo contradictoria y públicamente, todo ello bajo pena de nulidad de pleno derecho de las correspondientes actuaciones.

INMUEBLE. DCv: Véase Bien Inmueble.

INTERVENCIÓN PROVOCADA, SOLICITUD DE. DPC: Posibilidad que la Ley concede a demandante y demandado en los procesos civiles para solicitar del Tribunal la llamada al pleito en curso de quien inicialmente no fue llamado al mismo, para su intervención en él a todos los efectos.

INSACULAR. DG: Sortear. // Poner en un recipiente cédulas o papeles con los nombres de personas o de cosas para hacer un sorteo.

INSCRIPCIÓN. RC. DH: Véase Asiento Registral.

INSCRIPCIÓN MARGINAL. RC. DH: Véase Anotación Marginal.

INSCRIPCIÓN PRINCIPAL. RC. DH: Asiento que abre folio en los libros registrales.

INSOLVENCIA. DG: Carencia absoluta de ingresos y patrimonio que impide a una persona hacer frente a sus obligaciones o saldar sus deudas.

INSPECCIÓN OCULAR. DPP: Véase Diligencia de Inspección Ocular.

INSTANCIA. DA: Documento que se presenta ante la Administración Pública, solicitando cualquier tipo de petición y que origina la incoación de un expediente administrativo.

INSTANCIA DOBLE. DP: Véase Doble Instancia.

INSTRUCCIÓN DE DERECHOS. DPP: Información comprensible e inmediata que debe facilitarse a toda persona que sea detenida o apresada, respecto de los hechos que se le imputan, las razones que han motivado su privación de libertad, así como de los derechos legalmente previstos que le corresponden.

INTERDICTOS. DPC: Procedimientos civiles mediante los que, antes de la entrada en vigor de la vigente LECv., se trataba de proteger situaciones relacionadas con la posesión de bienes o derechos, existiendo cuatro clases: Interdictos de Adquirir la Posesión, Interdictos de Retener o Recobrar la Posesión, Interdictos de Obra Nueva e Interdictos de Obra Ruinosa. Las acciones que anteriormente se ejercitaban a través de este tipo de procedimientos actualmente se hacen valer mediante el Juicio Verbal. // Véase tutela sumaria de la posesión y de la propiedad.

INTERÉS CONVENCIONAL. DG: Garantía o beneficio dinerario que se ha pactado por las partes en un contrato, en favor de la que presta o facilita a la otra una suma de dinero.

INTERÉS DE LEY, RECURSO EN. DPC: Véase Recurso en Interés de Ley.

INTERÉS LEGAL. DG: Se dice de aquel beneficio o ganancia dineraria, que la Ley atribuye en favor de aquella parte que mediante contrato presta a otra una suma de dinero, cuando estas no lo han pactado expresamente en las clausulas o condiciones del documento suscrito.

INTERÉS POR MORA. DG: Es el beneficio dinerario que se atribuye en favor del acreedor cuando el deudor se retrasa en el pago de la suma debida, incumpliendo los plazos pactados para ello.

INTERPOSICIÓN DE UN RECURSO. DP: Formalización de oposición o rechazo respecto a una resolución dictada en un procedimiento judicial, con el fin de que sea dejada sin efecto o modificada, total o parcialmente, por el mismo órgano que la dictó o por otro jerárquicamente superior.

INTERROGATORIO. DPP: Declaración que presta en los procedimientos penales el que está considerado como presunto responsable del hecho investigado.

INTERROGATORIO DE LAS PARTES. DPC: Véase Prueba de Interrogatorio de las Partes.

INTERROGATORIO DE PREGUNTAS. DPC: Véase Preguntas, Interrogatorio de.

INTERROGATORIO DE TESTIGOS. DPC: Véase Prueba de Interrogatorio de Testigos.

INTERVENCIÓN DE CAUDAL HEREDITARIO. DPC: Véase Procedimiento para la Intervención de Caudal Hereditario.

INVENTARIO. DCv: Relación ordenada de los bienes y demás pertenencias propiedad de una persona o entidad.

JERARQUÍA NORMATIVA. DG: Ordenación escalonada y preferencial de las normas jurídicas, de modo que las de rango inferior no pueden contradecir ni vulnerar lo establecido por las de rango superior.

JUECES. OJ: Funcionarios públicos ostentadores del Poder Judicial del Estado, que tienen la potestad de juzgar, sentenciar y hacer ejecutar lo juzgado.

JUICIO. DP: Procedimiento. // Acto procesal público en el que las partes, por sí o a través de sus representantes procesales, exponen ante el órgano judicial los argumentos que estiman adecuados para su defensa, practicándose, así mismo, pruebas.

JUICIO CAMBIARIO. DPC: Aquel procedimiento civil por medio del cual se reclama el importe impagado de una letra de cambio, un cheque o un pagaré que reúnan los requisitos previstos en la Ley Cambiaria y del Cheque.

JUICIO DE FALTAS. DPP: Procedimiento penal que se empleaba para el enjuiciamiento y resolución de las Faltas, es decir, de las infracciones penales sancionadas con penas leves. Actualmente el Código Penal no regula este tipo de infracciones penales, y el procedimiento al que nos referimos, regulado en los artículos 962 de la LECr., se utiliza para enjuiciar delitos leves.

JUICIO DE TESTAMENTARIA. DPC: Procedimiento utilizado para distribuir entre los beneficiarios de una herencia el caudal de bienes dejado por el fallecido.

JUICIO MONITORIO. DPC: Véase Procedimiento Monitorio.

JUICIO ORAL. DPP: Fase de los procedimientos penales ordinarios que comienza tras la conclusión de la etapa de instrucción o de diligencias previas, que consta, esencialmente, de la celebración pública del debate y la práctica de pruebas, finalizando con la sentencia.

JUICIO ORDINARIO. DPC: Procedimiento civil declarativo por medio del cual se decidirán las demandas cuya cuantía exceda de seis mil euros, aquellas cuyo interés económico resulte imposible de calcular, ni siquiera de modo relativo, así como aquellas otras   que tengan por objeto, a título de ejemplo, los derechos honoríficos de la persona, la impugnación de acuerdos sociales, retracto, etc..

JUICIO RÁPIDO. DPP: Véase Procedimiento para el Enjuiciamiento Rápido de Determinados delitos.

JUICIO SOBRE DELITOS LEVES. DPP.: Procedimiento regulado en los artículos 962 y ss. de la LECr., establecido para el enjuiciamiento de los delitos castigados en el Código Penal con pena leve, siendo competentes para su tramitación los Juzgados de Instrucción y los de Violencia sobre la Mujer, según sea el tipo de delito leve cometido.

JUICIO VERBAL. DPC: Procedimiento civil declarativo por medio del cual se decidirán las demandas cuya cuantía no exceda de seis mil euros cuyo conocimiento no esté reservado al Juicio Ordinario, así como demandas que tengan por objeto otras acciones como, por ejemplo, el desahucio por falta de pago de las rentas o por expiración del plazo contractual o legal, la recuperación de la posesión, la suspensión de una obra nueva, etc.

JUNTAS ELECTORALES. OE: Órganos constituidos a nivel de Partido Judicial, Provincia, Comunidad Autónoma o Estado, para supervisar el legal desarrollo de los diversos procesos electorales que tienen lugar como consecuencia de la vida democrática de la nación.

JURADO. DPP: Tribunal popular compuesto por un número determinado de personas físicas que participan en la administración de la Justicia, interviniendo junto a Jueces o Tribunales profesionales en la resolución de determinados procesos penales. // Véase Procedimiento ante el Tribunal del Jurado. // Véase Tribunal del Jurado.

JURAMENTO. DP: Acto por el cual se pretende garantizar la veracidad de una declaración, poniendo a Dios por testigo, la Patria, o el propio honor del declarante.

JURAMENTO O PROMESA DE ACTUAR CON OBJETIVIDAD. DPC: Se dice de aquel que se exige al perito designado antes de aceptar su cargo o antes de emitir su informe.

JURAMENTO O PROMESA DE DECIR VERDAD. DPC: Se dice de aquel que se exige a los testigos propuestos por las partes antes de contestar a las preguntas que se le han de formular en la prueba de su Interrogatorio.

JURISDICCIÓN. DG: Función del Estado que consiste en impartir Justicia a través de Jueces y Tribunales, juzgando y haciendo que se ejecute lo juzgado.

JURISDICCIÓN CIVIL. OJ: Aquella que conoce de las reclamaciones o peticiones basadas en el Derecho Privado.

JURISDICCIÓN CONTENCIOSO ADMINISTRATIVA. OJ: Aquella que conoce de los recursos contra actos y disposiciones definitivos dictados por la Administración.

JURISDICCIÓN DE MENORES. OJ: Aquella que conoce de las causas que pretenden imponer sanciones, correcciones o penas a personas con edades comprendidas entre 14 y 18 años, como consecuencia de la comisión por su parte de actos considerados delitos por la legislación penal.

JURISDICCIÓN LABORAL. OJ: Aquella que tiene atribuida la función de juzgar y ejecutar lo juzgado en los litigios que se promuevan en aplicación de la rama social del Derecho.

JURISDICCIÓN MILITAR. OJ: Es aquella especial que está limitada al ámbito estrictamente castrense, respecto de hechos tipificados como delitos militares en el Código Penal Militar.

JURISDICCION PENAL. OJ: Aquella que conoce de las causas que pretenden imponer penas como consecuencia de la comisión de actos punibles considerados delitos por la legislación penal.

JURISDICCIÓN VOLUNTARIA. DP: La que conoce de todos aquellos actos en los que sea necesaria o se solicite la intervención del órgano judicial, sin que esté empeñada ni se promueva cuestión alguna entre partes conocidas y determinadas (no hay dualidad de partes ni, por tanto, posturas contrarias o enfrentadas. Por ejemplo una declaración de herederos).

JURISPRUDENCIA. DG: Enseñanza doctrinal dimanante de los fallos o decisiones del Tribunal Supremo, que suple las omisiones de la Ley, o interpreta la misma, respecto a casos iguales o que tienen semejanza o analogía.

JUSTICIA. DG: Derecho. // Razón. // Equidad.

JUSTICIA GRATUITA. DP: Véase Beneficio de Asistencia Jurídica Gratuita.

JUZGADO. OJ: Órgano jurisdiccional unipersonal, o sea, integrado por un solo juzgador, Juez o Magistrado. // Véase Unidad Procesal de Apoyo Directo. // Véase Servicio Común Procesal. // Véase Unidad Administrativa.

JUZGADO CENTRAL DE MENORES. OJ: Aquel con sede en Madrid, jurisdicción en toda España, integrado en la Audiencia Nacional, que conocerá de las causas que le atribuya la legislación reguladora de la responsabilidad penal de los menores, respecto de las conductas de los menores de edad penal tipificadas por la Ley como delito.

JUZGADOS CENTRALES DE INSTRUCCIÓN. OJ: Aquellos con sede en Madrid, jurisdicción en toda España e integrados en la Audiencia Nacional, que, básicamente, instruirán las causas penales cuyo enjuiciamiento corresponderá a la Sala de lo Penal de la Audiencia Nacional o a los Juzgados Centrales de lo Penal.

JUZGADOS CENTRALES DE LO CONTENCIOSO ADMINISTRATIVO. OJ: Aquellos que, con sede en Madrid y jurisdicción en todo España, integrados en la Audiencia Nacional, conocen de los recursos contencioso administrativos que le atribuye la Ley reguladora de esta jurisdicción.

JUZGADOS CENTRALES DE LO PENAL. OJ: Aquellos con sede en Madrid, jurisdicción en toda España e integrados en la Audiencia Nacional, que, fundamentalmente, enjuician y resuelven algunas de las causas penales previamente instruidas por los Juzgados Centrales de Instrucción.

JUZGADOS CENTRALES DE VIGILANCIA PENITENCIARIA. OJ: Aquellos con sede en Madrid, jurisdicción en toda España e integrados en la Audiencia Nacional, que asumen las funciones que corresponden a los Juzgados de Vigilancia Penitenciaria pero en relación con presos que lo son como consecuencia de la ejecución de sentencias dictadas en el ámbito de la propia Audiencia Nacional// Véase Juzgados de Vigilancia Penitenciaria.

JUZGADOS DE GUARDIA. OJ: Véase Juzgados de Instrucción de Guardia.

JUZGADOS DE INSTRUCCION. OJ: Aquellos situados en capitales de provincia o en ciudades de relativa importancia, con jurisdicción en todo el Partido Judicial al que pertenecen, que conocen, esencialmente, de la instrucción de las causas penales que más tarde enjuiciarán y resolverán los Juzgados de lo Penal o las Audiencias Provinciales, así como de la instrucción y fallo de determinados Juicios sobre Delitos Leves.

JUZGADOS DE INSTRUCCIÓN DE GUARDIA. OJ: Juzgado de Instrucción que asume, durante el periodo temporal de duración de la guardia (una semana, veinticuatro horas, según la ciudad en la que esté ubicado), la competencia para la realización de actuaciones instructoras de carácter urgente, tales como atención a detenidos (recepción de declaraciones y pronunciamiento sobre su situación personal), levantamientos de cadáver, etc., así como, tras la entrada en vigor de la nueva normativa reguladora de los Juicios sobre Delitos Leves y de los Procedimientos para el Enjuiciamiento Rápido de Determinados Delitos, la competencia para la celebración urgente de Juicios sobre Delitos Leves y el dictado, en los caso que proceda, de sentencias de conformidad, conforme al art. 801 de la LECr., en el último de los procedimientos citados.

JUZGADOS DE LO CONTENCIOSO ADMINISTRATIVO. OJ: Aquellos con sede en las capitales de provincia, o ciudades de considerable importancia, y con jurisdicción sobre todo el territorio de la misma, aunque por el volumen de asuntos podrá ampliarse o restringirse el ámbito territorial de su jurisdicción, que conocerán en primera o única instancia, de los recursos contencioso administrativos no atribuidos a otros órganos del mismo orden jurisdiccional.

JUZGADOS DE LO MERCANTIL. OJ: Aquellos existentes, con carácter general, en cada provincia, con jurisdicción en toda ella y sede en su capital, que conocen de cuantas cuestiones se susciten en materia concursal (quiebras, suspensiones de pagos, concursos de acreedores, etc., según la Ley Concursal).

JUZGADOS DE LO PENAL. OJ: Aquellos con sede en las capitales de provincia, o ciudades de considerable importancia, y con jurisdicción sobre todo su territorio, que enjuiciarán y resolverán algunas de las causas instruidas previamente por los Juzgados de Instrucción.

JUZGADOS DE LO SOCIAL. OJ: Aquellos con sede en las capitales de provincia o en ciudades de importancia, cuando las circunstancias así lo aconsejen, que conocerán en primera o única instancia, de los procesos sobre materias propias de este orden jurisdiccional social, que no estén atribuidas a otros órganos integrantes del mismo.

JUZGADOS DE MENORES. OJ: Aquellos que ejercen las funciones establecidas en la Ley para con los menores de edad penal que hubieren incurrido en conductas tipificadas por la Ley como delito.

JUZGADOS DE PAZ. OJ: Aquellos servidos por Jueces no profesionales designados a propuesta de los Ayuntamientos, ubicados en los municipios donde no exista Juzgado de Primera Instancia e Instrucción, con jurisdicción sobre su propio término municipal, que cuentan con limitadas competencias en los órdenes civil y penal, y en materia de Registro Civil.

JUZGADOS DE PRIMERA INSTANCIA. OJ: Aquellos situados en capitales de provincia o en ciudades de relativa importancia, con jurisdicción sobre todo el Partido Judicial al que pertenecen, que conocen en primera instancia de cuantas reclamaciones tienen su base en el Derecho Privado, asumiendo, igualmente, las tareas propias del Registro Civil, en algunos casos.

JUZGADOS DE PRIMERA INSTANCIA E INSTRUCCIÓN. OJ: Aquellos situados en la ciudad que es capital del Partido Judicial, con jurisdicción sobre todo el territorio del mismo, que reúne las competencias que por separado corresponden a los Juzgados de 1ª Instancia y a los de Instrucción.

JUZGADOS DE VIGILANCIA PENITENCIARIA. OJ: Órgano jurisdiccional unipersonal, de ámbito provincial, dentro del orden penal, que tendrá las funciones jurisdiccionales previstas en la Ley General Penitenciaria en materia de ejecución de penas privativas de libertad y medidas de seguridad, control jurisdiccional de la potestad disciplinaria de las autoridades penitenciarias, amparo de los derechos y beneficios de los internos en los establecimientos penitenciarios y demás que señale la ley.

JUZGADOS DE VIOLENCIA SOBRE LA MUJER. OJ: Aquellos existentes en cada Partido Judicial que conocerán, en el orden penal, de la instrucción de los procesos para exigir responsabilidad penal por los delitos constitutivos de un acto de violencia contra la mujer tipificado como tal en la Ley de Medidas de Protección Integral contra la Violencia de Género.

LANZAMIENTO. DPC: Desalojo obligatorio realizado por orden judicial, de una finca rústica o urbana, de quien ilegítimamente la ocupaba, junto con sus pertenencias.

LEGAJO. DG: Conjunto de documentos que se guardan unidos por tratar de la misma materia.

LEGISLACIÓN. DG: Conjunto de leyes de un Estado.

LEGITIMACIÓN. DP: Capacidad legal para entablar un proceso (legitimación activa, que corresponde al actor), o para defenderse en él (legitimación pasiva, que corresponde al demandado).

LESIONES. DPn: Menoscabo de la salud o de la integridad corporal que abarca tanto a las afecciones del cuerpo como a las de la mente, así como a las secuelas que deriven de ellas.

LESIVIDAD. DA: Véase Declaración de Lesividad.

LETRA DE CAMBIO. DM: Documento mercantil que, si cumple los requisitos previstos en la Ley Cambiaria y del Cheque, goza de fuerza para exigir el cumplimiento de la obligación de pago que contiene, por los cauces del Procedimiento Ejecutivo.

LETRADO. DG: Véase Abogado.

LETRADO DEL ESTADO. DG: Véase Abogado del Estado.

LETRADO DE LA COMUNIDAD AUTÓNOMA. DG: Véase Abogado de la Comunidad Autónoma.

LETRADOS DE LA ADMINISTRACIÓN DE JUSTICIA. OJ: Funcionarios de carrera pertenecientes al cuerpo nacional del mismo nombre, al servicio de la Administración de Justicia, que ejercen, sometidos a los principios de unidad de actuación y dependencia jerárquica, la fe pública judicial con plenitud de efectos, asisten a Jueces y Tribunales en el ejercicio de sus funciones, ostentan la dirección procesal del personal de la Oficina Judicial, son responsables únicos de los servicios comunes procesales, etc. .// Anteriormente Secretarios Judiciales.

LEVANTAMIENTO DE CADÁVER, DILIGENCIA DE. DPP: Actuación judicial que se realiza cuando la instrucción de la causa penal tuviere lugar por muerte violenta, o sospechosa criminalmente, de una persona, y que pretende tanto la identificación adecuada del fallecido, como la descripción detallada de su estado y circunstancias, y de todo cuanto pudiere tener relación con el hecho punible.

LEY. DG: Norma de Derecho de carácter general emanada del Estado, a través de su Poder Legislativo, de forma escrita, y mediante un procedimiento solemne.

LEY DE BASES. DG: Norma aprobada por las Cortes Generales en la que se delega en el Gobierno la potestad de dictar un texto con rango de Ley que adoptará la forma de Decreto Legislativo.

LEY DE ENJUICIAMIENTO CIVIL. DG: Norma que regula los diferentes procedimientos de la jurisdicción contenciosa civil conforme a los cuales se substanciarán cuantas pretensiones se deduzcan por particulares en relación con el Derecho Privado.

LEY DE ENJUICIAMIENTO CRIMINAL. DG: Norma que regula los diferentes procedimientos conforme a los cuales se pretende sancionar o exculpar las conductas presuntamente constitutivas de delito.

LEY DE LA JURISDICCIÓN CONTENCIOSO ADMINISTRATIVA. DG: Norma que regula los diferentes procedimientos empleados para tramitar las impugnaciones efectuadas contra disposiciones o actos definitivos emanados de la Administración.

LEY DE PROCEDIMIENTO LABORAL. DG: Norma que regula los diferentes procesos utilizados para solventar las controversias surgidas en la aplicación de la rama social del Derecho.

LEY ORDINARIA. DG: Es la forma normal de expresión del Poder Legislativo, por medio de la cual se regulan materias no reservadas a la Ley Orgánica.

LEY ORGÁNICA. DG: Norma que regula determinadas materias constitucionalmente identificadas, para cuya aprobación se exige por el mismo texto supremo, el voto favorable de la mayoría absoluta de los miembros del Congreso de los Diputados.

LIBERTAD CONDICIONAL. DPP: Beneficio que puede ser concedido a los reos que cumplen pena, en el último periodo de su condena, para que abandonen la prisión bajo la condición de observar buena conducta.

LIBERTAD PROVISIONAL BAJO FIANZA. DPP: Situación de autonomía o independencia de la que disfruta, temporalmente y tras haber prestado para ello fianza bastante, ya sea personal, dineraria, ya de las otras clases admitidas en Derecho, el presunto responsable de un delito, en el seno de la causa instruida para su averiguación.

LIBERTAD PROVISIONAL BAJO OBLIGACIÓN APUD ACTA DE COMPARECER. DPP: Situación de autonomía o independencia de la que disfruta el presunto responsable de un delito en el seno de la causa instruida para su averiguación, temporalmente y tras haberse comprometido, apud acta, a personarse los días que fueren señalados a tal efecto y aquellos no determinados previamente en que, por cualquier motivo, fuere llamado, ya ante el Juzgado o Tribunal que en ese instante conozca de la causa, ya ante aquel que, en el futuro, pueda hacerlo.

LIBERTAD PROVISIONAL INCONDICIONAL. DPP: Situación de autonomía e independencia de la que disfruta, temporalmente y sin condición alguna, el presunto responsable de un delito, en el seno de la causa instruida para su esclarecimiento.

LIBROS DE COMERCIO. DM: Conjuntos ordenados y encuadernados de hojas, que recogen los asientos contables y las operaciones diarias relativas al ejercicio empresarial, que han de ser obligatoriamente cumplimentados.

LICITACIÓN. DP: Subasta. // Ofrecimiento de un precio o cantidad de dinero por un bien que se vende en subasta pública.

LICITADOR. DP: Persona que ofrece un precio o suma de dinero por un bien que se vende en pública subasta.

LIQUIDACIÓN DE CONDENA. DPP: Actuación procesal realizada por el Letrado de la Administración de Justicia o por el funcionario que legalmente haga sus veces, que consiste en determinar el comienzo y el final de la pena impuesta al condenado (ya sea privativa de libertad, de retirada del permiso de conducir o de la licencia de caza, o de la posibilidad de obtenerlos) teniendo en cuenta y computando para su abono, el tiempo que, provisional y cautelarmente, haya estado privado a lo largo de la causa de cualquiera de tales derechos o documentos (de libertad, del permiso de conducir o de la licencia de caza).

LIQUIDACIÓN DE INTERESES. DP: Actuación procesal realizada por el Letrado de la Administración de Justicia o por el funcionario que legalmente haga sus veces, que consiste en fijar la suma de dinero que debe ser satisfecha al acreedor o al perjudicado por el condenado a ello, con el fin de compensar el retraso producido en el cumplimiento de la obligación o en el abono de indemnizaciones.

LITIGANTES. DPC: Personas que pleitean o disputan un pleito.

LITIGIO. DPC: Pleito, procedimiento, juicio.

LITISCONSORCIO. DPC: Pluralidad de sujetos que se da en un procedimiento, todos ellos con plenitud de derechos, cargas y deberes procesales, formando una sola parte.

LITISCONSORCIO ACTIVO. DPC: Pluralidad de sujetos en la posición del actor.

LITISCONSORCIO MIXTO. DPC: Pluralidad de sujetos en las posiciones del actor y del demandado.

LITISCONSORCIO PASIVO. DPC: Pluralidad de sujetos en la posición del demandado.

LITISPENDENCIA. DP: Excepción que consiste en pretender impedir la substanciación de un segundo proceso, por tener idéntico objeto a otro anterior y pendiente de resolución.

LOCALIZACIÓN PERMANENTE. DP: Pena privativa de libertad, con duración de hasta doce días, que obliga al penado a permanecer en su domicilio o en lugar determinado fijado por el juez en sentencia.

MAGISTRADO. OJ: Categoría a la que pertenece aquel miembro de la Carrera Judicial que presta sus servicios en Tribunales y en Juzgados de capitales de provincia o localidades asimiladas a estas, y que alcanza tal estatus ya por el simple paso del tiempo, ya tras la superación de pruebas específicas convocadas al efecto.

MAGISTRADO DEL TRIBUNAL SUPREMO. OJ: Categoría a la que pertenece aquel miembro de la Carrera Judicial que presta sus servicios en el Tribunal Supremo.

MANDAMIENTO. DP: Comunicación emitida por el Letrado de la Administración de Justicia, que pretende la práctica de cualquier diligencia, cuya ejecución corresponda, entre otros, a los Registradores de la Propiedad, Notarios, Corredores de Comercio, miembros del Cuerpo de Auxilio Judicial, etc.

MANDAMIENTO COMPULSORIO. DP: Aquel que tiene por objeto la emisión por parte de su destinatario, de una certificación o copia auténtica de determinado documento cuyo original obra en su archivo.

MANDAMIENTO DE LIBERTAD. DPP: Aquel dirigido al responsable de un establecimiento penitenciario, que tiene por objeto la puesta en libertad de una persona ingresada en dicho centro por orden del remitente, si de ella no estuviere privado por otra causa o motivo legal.

MANDAMIENTO DE PAGO. DP: Orden escrita y plasmada en un impreso legalmente formalizado, que remite el titular del órgano judicial al responsable de la entidad bancaria en la que tiene abierta la Cuenta de Depósitos y Consignaciones Judiciales, para que, con cargo a la misma, abone a determinada persona una suma concreta de dinero.

MANDAMIENTO DE PRISIÓN. DPP: El que se remite al responsable o director de un establecimiento penitenciario con el propósito de obtener el ingreso en el mismo de determinado individuo.

MAYORÍA DE EDAD CIVIL. DCv: Límite de edad establecido por la Ley, a partir del cual una persona puede regir libremente su persona y sus bienes.

MAYORÍA DE EDAD PENAL. DP: Límite de edad fijado legalmente, a partir del cual una persona es penalmente responsable de sus actuaciones, pudiendo ser castigada por las consecuencias de las mismas.

MEDIACIÓN. DCv: Intento de obtener el acercamiento y acuerdo entre quienes mantienen posturas enfrentadas respecto a algo, procurando reconciliarlos.

MÉDICO DEL REGISTRO CIVIL. OJ: Véase Médico Forense.

MÉDICO FORENSE. OJ: Funcionario público, Licenciado en Medicina y Cirugía, al servicio de la Administración de Justicia, encargado de la realización para Juzgados y Tribunales de cuantos informes precisen para su emisión de los conocimientos propios de su especialidad, tanto en procedimientos civiles, penales, etc., como en asuntos vinculados al Registro Civil.

MEDIDAS CAUTELARES O PRECAUTORIAS. DP: Aquellas que un órgano judicial puede acordar en las primeras fases de un procedimiento, antes de ser dictada la sentencia, contra una persona o sus bienes, con el propósito de asegurar la ejecución sin problemas de una posible sentencia condenatoria. En los procedimientos civiles: Embargos preventivos, anotaciones preventivas de las demandas, etc. En los procedimientos penales: embargos de bienes, privaciones provisionales de libertad, etc.

MEDIDAS PROVISIONALES O COETÁNEAS. DPC: Aquellas que se adoptan judicialmente al principio de un procedimiento matrimonial, tras la admisión de la demanda, que tienden a resolver situaciones personales y patrimoniales de los litigantes, los miembros de la pareja, durante la tramitación del pleito, siendo ratificadas, modificadas o dejadas sin efecto, en la sentencia que se dicte.

MEDIDAS PROVISIONALES PREVIAS O PROVISIONALÍSIMAS. DPC: Aquellas que se decretan judicialmente para resolver situaciones personales y patrimoniales de los miembros de un matrimonio afectado por una crisis grave, con carácter urgente y con una duración de sus efectos de treinta días, quedando las mismas anuladas si, en dicho plazo, no se acredita la interposición de la oportuna demanda de separación, divorcio o nulidad matrimonial.

MEDIOS DE REPRODUCCIÓN DE LA PALABRA, EL SONIDO Y LA IMAGEN. DPC: Véase Prueba de Medios de Reproducción de la Palabra, el Sonido y la Imagen.

MEJORA DE EMBARGO. DP: Nueva diligencia de embargo que se realiza sobre los bienes del deudor cuando el órgano judicial, de oficio o a instancia de parte según el orden jurisdiccional en el que nos hallemos, estima que el conjunto de bienes que le han sido embargados hasta ese momento no tiene un valor suficiente como para garantizar el pago de la deuda o de las indemnizaciones pendientes.

MINISTERIO FISCAL. OJ: Funcionario público que, con sujeción al principio de imparcialidad, tiene encomendada como principal función promover la acción de la Justicia en defensa de la legalidad, de los derechos de los ciudadanos y del interés público, así como velar por la independencia de Juzgados y Tribunales./// Funcionario público encargado de la instrucción de las causas o expedientes penales por hechos cometidos por menores de edad penal, en aplicación de la Legislación de Menores.

MINUTA. DG: Extracto, borrador, nota de un contrato o de otra exposición u orden, que se ha de extender o copiar con las formalidades legales. // Cuenta de los honorarios de los Abogados.

MORA. DCv: Retraso en el cumplimiento de una obligación.

MULTA. DP: Pena o sanción pecuniaria consistente en el abono al Estado de una determinada cantidad de dinero, que será fijada por el juzgador en función de la capacidad económica del condenado (Véase Día multa).

NACIONALIDAD. DCv. RC: Lazo o relación del individuo sujeto de derechos, que le adscribe a una nación determinada.

NEGLIGENCIA. DP. DCv: Véase Culpa.

NOTA DE REFERENCIA. RC: Apunte por escrito realizado al margen de una inscripción principal, que deja constancia en la misma de la producción de un hecho íntimamente relacionado con lo que es base del contenido de aquella.

NOTA MARGINAL. RC: Todo apunte realizado al margen de una inscripción principal, con diverso contenido, relativo a hechos cuyo reflejo en los libros del Registro Civil no deba revestir la fórmula de la inscripción marginal.

NOTARÍA. DG: Oficio y oficina de Notario.

NOTARIO. DG: Funcionario público autorizado para dar fe de contratos, testamentos y otros actos extrajudiciales, conforme a las leyes.

NOTIFICACIÓN, DILIGENCIA DE. DP: Actuación procesal realizada por el funcionario competente, mediante la cual se pone en conocimiento de cada una de las partes en el procedimiento, o, en su caso, de tercera persona, el contenido de las resoluciones que se dictan en el mismo, con las formalidades establecidas en las leyes.

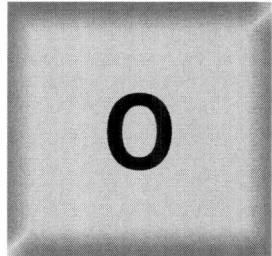

OBLIGACIÓN CONSTITUIDA APUD ACTA. DP: Compromiso firme de hacer o dejar de hacer alguna cosa, asumido en comparecencia realizada ante un Juez o un Letrado de la Administración de Justicia, y reflejada en un acta.

OBRA NUEVA, ACCIÓN DE. DPC: La que se ejercita a través del Juicio Verbal con la pretensión de evitar el perjuicio que a la posesión puede causar el alzamiento o realización de una obra nueva.

OBRA RUINOSA, ACCIÓN DE. DPC: La que se utiliza mediante el Juicio Verbal para impedir el perjuicio que a la posesión puede causar un bien u objeto en ruina.

OFICIALES DE LA ADMINISTRACIÓN DE JUSTICIA. OJ: Véase Cuerpo de Gestión Procesal y Administrativa.

OFICINA JUDICIAL. OJ: Organización que sirve de soporte y apoyo a la actividad jurisdiccional de jueces y tribunales. // Véase Unidad Procesal de Apoyo Directo. // Véase Servicio Común Procesal. // Véase Unidad Administrativa.

OFICIO. DP: Comunicación dirigida por Letrados de la Administración de Justicia, y también por Jueces y Tribunales a funcionarios y autoridades extraños a los distintos órdenes jurisdiccionales, solicitándoles su colaboración o auxilio para la verificación de alguna diligencia.

OFICIO, PAPEL DE. DG: Véase Papel de Oficio.

OFRECIMIENTO DE ACCIONES. DPP: Invitación que se realiza al ofendido por un delito, o a su representante legal, en el acto de recibirle su primera declaración, para que se muestre parte en el proceso, y renuncie o reclame la restitución de la cosa, la reparación del daño o la indemnización del perjuicio que se le ha causado por el hecho punible.

OÍR POR ESCRITO. DP: Expresión legal utilizada en la regulación de determinados procedimientos para indicar el trámite consistente en dar traslado a las partes, o a una de ellas, de cierta documentación obrante en los autos, para que, con respecto a la misma, se pronuncien por escrito y aleguen lo que a su derecho pueda convenir.

OPOSICIÓN A UN RECURSO, ESCRITO DE. DPC: Véase Impugnación de un Recurso, Escrito de.

ORDENAMIENTO JURÍDICO. DG: Conjunto de normas jurídicas vigentes en un Estado, o en cualquier otra comunidad política determinada.

ORDEN DE ALEJAMIENTO. DPP: La que es dictada por un Juzgado, de forma razonada y cuando resulte estrictamente necesario al fin de protección de la víctima, consistente en imponer preventivamente al acusado la prohibición de residir en un determinado lugar, barrio, municipio, provincia u otra entidad local, o Comunidad Autónoma, o la prohibición de acudir a determinados lugares, barrios, municipios, provincias u otras entidades locales o Comunidades Autónomas o de aproximarse o comunicarse, con la graduación que sea precisa, a determinadas personas.

ORDEN DE PROTECCIÓN INTEGRAL A FAVOR DE LAS VÍCTIMAS DE VIOLENCIA DOMÉSTICA. DPP: La que es dictada por el Juzgado de Violencia sobre la Mujer, para la protección de las víctimas de la violencia doméstica cuando resulte una situación objetiva de riesgo para las mismas, comprendiendo tanto medidas cautelares o preventivas civiles y penales, como medidas de asistencia y protección social.

ORDEN EUROPEA DE DETENCIÓN Y ENTREGA. DPP: Resolución judicial dictada en un Estado miembro de la Unión Europea con vistas a la detención y entrega por otro Estado miembro de una persona a la que se reclama para el ejercicio de acciones penales o para la ejecución de una pena o una medida de seguridad privativa de libertad.

OTROSÍ DIGO. DP: Expresión empleada para introducir en un escrito que se presenta ante un órgano jurisdiccional cada una de las peticiones que se formulan a continuación de la principal, contenida en el suplico.

PAGARÉ. DM: Documento escrito mediante el cual una persona se compromete a pagar a otra una determinada cantidad de dinero en una fecha acordada previamente.

PAPEL DE OFICIO. DG: Se dice de aquel elaborado conforme a las características técnicas fijadas por el Ministerio de Justicia o las Comunidades Autónomas con competencias, en el que se plasman todas y cada una de las actuaciones, resoluciones o diligencias de los diferentes órganos jurisdiccionales, en su tarea de administrar justicia. // Véase Une A-4.

PARENTESCO. DCv: Lazo de vinculación entre los seres humanos por consanguinidad, afinidad o adopción.

PARLAMENTO. OE: Véase Cortes Generales.

PARTE. DP: Persona o personas que pretenden, mediante un proceso, la obtención ante un Juzgado o Tribunal, de una concreta tutela jurídica (actores), así como persona o personas respecto de las cuales, o frente a las cuales, se pretende esa tutela (demandados).

PARTE DE ADELANTO. DPP: Comunicación semanal que el Juez ha de remitir al Presidente de la Audiencia Provincial de que dependa, indicándole las causas que impiden la conclusión del sumario que instruye, cuando haya transcurrido un mes desde su incoación.

PARTE DE ESTADO. DPP: Informe realizado periódicamente por el Médico Forense al Juzgado o Tribunal, mediante oficio o a través de comparecencia, respecto a la evolución de los daños físicos o síquicos sufridos por un lesionado a consecuencia del hecho ilícito investigado en el proceso.

PARTE DE INCOACIÓN. DPP: Comunicación que el Juez que incoa un Sumario remite al Fiscal Jefe de la Audiencia Provincial de la que depende, y al Presidente de la misma, informándole de las circunstancias básicas y esenciales de tal comienzo, y del delito al que se refiere. // Comunicación que el Juez que incoa un Procedimiento regulado por la Ley del Tribunal del Jurado remite al Fiscal para que comparezca e intervenga en cuantas actuaciones tengan lugar.

PARTE DISPOSITIVA. DP: Fragmento de una resolución judicial que contiene la orden, el mandato o la decisión del órgano.

PARTIDO JUDICIAL. OJ: Territorio que normalmente comprende varios pueblos de una provincia, en el cual, y para la administración de la justicia, ejerce su jurisdicción un Juez de Primera Instancia e Instrucción.

PATRIMONIO. DCv: Conjunto de bienes que una persona posee, habiendo sido adquiridos por cualquier título.

PENA. DPn: Castigo legal impuesto a quien ha cometido un delito.

PENADO. DPn: Persona a la que un Juez o Tribunal castiga por la comisión de un delito, en aplicación de la legislación vigente en el momento de cometerlo.

PERDÓN DEL OFENDIDO. DPn: Clemencia manifestada ante el órgano judicial por el perjudicado por un delito que implica el archivo del procedimiento penal, en los casos específicos previstos legalmente, y siempre que para la tramitación de la causa haya sido preceptiva la formulación de denuncia.

PERIODO DE PRUEBA. DPC: Etapa o fase de los procedimientos civiles, en la cual las partes proponen la prueba que les interesa para justificar sus pretensiones, practicándose toda aquella que sea declarada pertinente por el titular del órgano judicial en el que el pleito se tramita.

PERITO. DP: Persona con acentuados conocimientos artísticos, científicos o prácticos, cuyo informe es necesario en un procedimiento para la correcta apreciación por el órgano judicial de determinados hechos de influencia en el pleito.

PERITO PRÁCTICO. DP: Se dice de aquel que no posee titulación académica oficial alguna que avale o justifique su capacidad para informar, haciéndolo en base a los conocimientos adquiridos sobre la materia por su experiencia y conexión con ella a lo largo de los años.

PERJUDICADO. DPP: Persona que ha sufrido un daño o detrimento valorable económicamente a consecuencia de la comisión de un delito o falta.

PERMISOS. DG: Licencias de diferente duración concedidas a los funcionarios por diversos motivos legalmente previstos, para ausentarse de su puesto de trabajo, y del lugar de su residencia.

PERSONA NATURAL O FÍSICA. DCv: Ser humano individual, con las facultades, derechos y responsabilidades que le reconocen las leyes.

PERSONA JURÍDICA. DCv: Entidad capaz de asumir derechos y obligaciones, aunque carente de existencia individual física, tal como una corporación, asociación, etc.

PERSONARSE. DP: Presentarse como parte en un procedimiento judicial, al objeto de que, a partir de ese momento, se entiendan con el personado las sucesivas actuaciones judiciales, de las que deberá dársele conocimiento.

PIEZA DE RESPONSABILIDAD CIVIL. DPP: Ramo separado que se forma en el Sumario o en el Procedimiento Abreviado, en el que se refleja todo lo relativo a las obligaciones pecuniarias o económicas, directas o subsidiarias, dimanantes del delito presuntamente cometido, y que se han decretado previamente en el expediente principal.

PIEZA DE SITUACIÓN PERSONAL. DPP: Ramo separado que se forma en el Sumario o en el Procedimiento Abreviado, en el que se refleja todo lo relacionado con la libertad o prisión provisional del acusado, y que se ha decretado previamente en el expediente principal.

PIEZAS DE CONVICCIÓN. DPP: Se dice de las armas, instrumentos o efectos de cualquier clase que el Juez instructor recoge en los primeros momentos del lugar en que el delito se cometió, o de sus inmediaciones, o por estar en poder del reo, o en otro sitio conocido, por presumirse su relación con el hecho delictivo cometido.

PIEZA SEPARADA. DP: Conjunto de actuaciones procesales tramitadas al margen del expediente principal, en un ramo abierto al efecto, íntimamente conectadas con el objeto de aquel.

PIGNORAR. DCv: Dar un bien mueble en prenda para asegurar el pago de una deuda. // Véase Prenda. // Véase Bien Mueble.

PLAZO. DP: Periodo de tiempo que se concede a las partes en un proceso para realizar una determinada actuación.

PLICA. DP: Sobre cerrado y sellado en el que se guarda algún documento que no ha de hacerse público hasta la llegada de una fecha u ocasión determinada.

PLIEGO DE POSICIONES. DPC: Véase Interrogatorio de Preguntas a las Partes. // En la Ley de Enjuiciamiento Civil de 1881, ya derogada, documento que contenía las preguntas o cuestiones que una parte planteaba a la contraria en un procedimiento civil, para su contestación en la prueba de confesión judicial.

PODER EJECUTIVO. OE: Órgano o conjunto de órganos que desempeñan, básicamente, las tareas de ejecución de las leyes y de gobierno del Estado.

PODER ESPECIAL PARA PLEITOS. DG: Apoderamiento o mandato que se otorga a favor de Procurador para que pueda realizar en su nombre válidamente determinados actos procesales a los que la ley confiere especial singularidad.

PODER GENERAL PARA PLEITOS. DP: Apoderamiento o mandato que se otorga a favor de un Procurador para que realice en su nombre, válidamente, todos los actos procesales comprendidos, de ordinario, en la tramitación de aquellos.

PODER JUDICIAL. OE: Órgano o conjunto de órganos que desempeñan la tarea de administrar justicia.

PODER LEGISLATIVO. OE: Órgano o conjunto de órganos que desempeñan, básicamente, las funciones de elaborar, reformar y derogar las leyes.

PODER PARA PLEITOS. DP: Autorización efectuada ante Notario o ante Letrado de la Administración de Justicia, mediante la cual una persona faculta a otra, generalmente Procurador de los Tribunales, para que en lugar de ella y representándola comparezca y actúe en juicio.

POLICÍA JUDICIAL. OJ: La que tiene como misión la averiguación de los delitos públicos y la persecución de los delincuentes, actuando en el cumplimiento de esas tareas, bajo las órdenes directas del Ministerio Fiscal, de los Jueces y de los Tribunales.

POSESIÓN. DCv: Tenencia de una cosa material o corpórea con ánimo de conservarla para sí o para otro.

POSICIONES, PLIEGO DE. DPC: Véase Pliego de Posiciones.

POSTOR. DP: Véase Licitador.

POSTULACIÓN. DP: Término con el que se designa el requisito procesal consistente en exigir, para una actuación válida en el pleito, la asistencia de la parte por determinados profesionales especialmente cualificados, como son el Procurador y el Abogado.

POSTURA. DP: Oferta realizada por el postor o licitador respecto a un bien subastado públicamente.

PRECARIO. DCv: Posesión por una tercera persona de un bien inmueble, gracias a la mera tolerancia o voluntad de su propietario, sin que por ello el poseedor le abone renta alguna.

PRECLUSIÓN. DP: Efecto que sobre los actos procesales produce el transcurso o finalización de plazos y términos previstos para ellos, y que implica que, una vez concluidos, dichos actos son imposibles o ineficaces.

PREEXISTENCIA, DECLARACIÓN DE. DPP: Información facilitada por testigos respecto a las características físicas esenciales de objetos que han sido robados y no recuperados, para que su descripción sirva de base a los peritos que han de informar sobre su aproximado valor.

PREGUNTAS DEL INTERROGATORIO A LAS PARTES. DPC: Interrogantes que se formulan oralmente a una de las partes en un procedimiento civil, a instancia de la contraria, en el seno de la prueba de Interrogatorio de las partes.

PREGUNTAS DEL INTERROGATORIO A TESTIGOS. DPC: Interrogantes que se plantean oralmente en un procedimiento civil a los testigos propuestos por cada parte, a instancia de la que ha interesado la prueba o de la contraria, en el seno de la prueba de Interrogatorio de Testigos.

PRENDA. DCv: Bien mueble que se sujeta especialmente a la seguridad o cumplimiento de una obligación, de manera que si la obligación no se cumple el bien mueble dado en prenda, pignorado, pasa a ser propiedad del titular de la obligación o se vende en subasta para, con el producto, hacer pago de la misma. // Véase Pignorar.

PREPARACIÓN DEL JUICIO ORAL. DPP: Fase intermedia de los procesos penales, ubicada entre la finalización de la instrucción o diligencias previas, y el comienzo de las sesiones del juicio oral, en la que se desarrolla básicamente el trámite de elaboración y presentación de los escritos de acusación, o calificación, y de defensa.

PREPARACIÓN DE UN RECURSO, ESCRITO DE. DP: Se dice de aquel que se presenta ante el órgano judicial que dictó la resolución con la que no se está conforme, mediante el cual se anuncia el deseo de la parte que lo aporta de interponer recurso contra ella, interposición esta que se efectuará posteriormente ante el mismo Tribunal o ante aquel que lo haya de resolver.

PRESCRIPCIÓN. DPn: Causa de extinción de la responsabilidad criminal basada en el transcurso de tiempo, y que afecta tanto a los delitos y faltas como a las penas impuestas para su castigo.

PRESO. DPP: Reo, individuo internado en un establecimiento penitenciario, ya sea provisionalmente a la espera de que se resuelva su causa o proceso, ya cumpliendo la condena privativa de libertad que le haya sido impuesta por sentencia firme.

PRESUNCIONES, PRUEBA DE. DCv. DPC: Véase Prueba de Presunciones.

PREVENCIÓN, ACTUACIONES A. DPP: Véase Actuaciones a Prevención.

PRIMERA COPIA. DP: Se dice de aquella extraída directamente de la matriz de una escritura pública y que, salvo si expresamente es impugnada su autenticidad, constituye prueba documental pública por sí misma, sin necesidad de actuación alguna complementaria.

PRINCIPIO ACUSATORIO: DPP: Norma en virtud de la cual el órgano jurisdiccional penal está vinculado a la hora de adoptar determinadas decisiones, sin que pueda realizar tales pronunciamientos sin que le sean solicitados por el Ministerio Fiscal o las acusaciones personadas. Manifestaciones de este principio son, por ejemplo: No se puede condenar a una persona si la acusación no lo pide; No se puede imponer al condenado una pesa superior a la mayor de las solicitadas por la acusación; no se puede ordenar el ingreso en prisión provisional de un detenido o imputado sin que tal medida sea interesada por la acusación (véase con respecto a este último ejemplo Ratificación de la prisión, Auto de).

PRISIÓN. DPn: Pena de privación de libertad que podrá ser grave, menos grave o leve según su duración sea mayor o menor. Actualmente, y junto con la pena de Arresto de Fin de Semana, es la única pena privativa de libertad prevista en nuestro Derecho Penal.

PRISIÓN MAYOR. DPn: Pena privativa de libertad, suprimida por el vigente Código Penal, que tenía una duración de entre seis años y un día hasta doce años.

PRISIÓN MENOR. DPn: Pena privativa de libertad, suprimida por el vigente Código Penal, que tenía una duración de entre seis meses y un día hasta seis años.

PRISIÓN PERMANENTE REVISABLE. DPn.: Pena privativa de libertad regulada en el vigente Código Penal que exige el cumplimiento de un número mínimo de años de la pena impuesta (dieciocho, veinte o veintidós) como requisito previo a la obtención de beneficios penitenciarios que permitan al penado gozar de régimen abierto o semiabierto.

PRISIÓN PROVISIONAL. DPP: La que se impone temporalmente al presunto responsable de un delito mediante auto motivado, y en los casos previstos en la Ley, pudiendo decretarse en cualquier momento del proceso penal antes de que recaiga sentencia firme.

PRISIÓN PROVISIONAL COMUNICADA. DPP: La que se impone al presunto responsable de un delito, condicional o incondicionalmente, sin privarle del derecho a recibir visitas en la forma y con la frecuencia establecida en la legislación penitenciaria.

PRISIÓN PROVISIONAL CONDICIONAL. DPP: La que el órgano judicial decreta respecto al presunto responsable de un delito, y de la que se podrá librar si presta la fianza que le sea exigida.

PRISIÓN PROVISIONAL INCOMUNICADA. DPP: La que se impone al presunto responsable de un delito, condicional o incondicionalmente, restringiendo o anulando temporalmente, el derecho del preso a recibir las visitas autorizadas con carácter general en la legislación penitenciaria.

PRISIÓN PROVISIONAL INCONDICIONAL. DPP: La que se impone al presunto responsable de un delito, en los casos legalmente previstos, sin determinarse condición alguna cuyo cumplimiento pueda librarle de ella.

PROCEDIMIENTO. DG: Conjunto de actuaciones judiciales. // Expediente judicial. // Autos.

PROCEDIMIENTO ABREVIADO. DPP: Expediente judicial penal tramitado para el enjuiciamiento y resolución de delitos castigados con pena privativa de libertad no superior a nueve años, o bien con cualesquiera otras penas de distinta naturaleza (multas, retirada de permisos de conducir o licencias de caza, etc.), bien sean únicas, conjuntas o alternativas, independientemente de su cuantía o duración.

PROCEDIMIENTO ANTE EL TRIBUNAL DEL JURADO: DPP: Expediente judicial penal tramitado para el enjuiciamiento y resolución, por parte del Tribunal del Jurado, de determinados delitos predeterminados por la Ley.

PROCEDIMIENTO DE APREMIO. DP: Véase Apremio, Vía de. // Véase Ejecución.

PROCEDIMIENTO DE COGNICIÓN. DPC: Expediente judicial civil ya inexistente, tras la entrada en vigor de la Ley de Enjuiciamiento Civil 1/2000 de 7 de Enero, que servía de cauce, básicamente, para el enjuiciamiento y resolución de cuestiones civiles cuyo valor o cuantía superaba las ochenta mil pesetas (480,8 Euros) y no excedía de ochocientas mil (4.808,1 Euros).

PROCEDIMIENTO DE DESAHUCIO. DPC: Expediente judicial civil ya inexistente tras la entrada en vigor de la Ley de Enjuiciamiento Civil 1/2000 de 7 de enero, que servía de cauce para resolver peticiones de rescisión de contratos de arrendamiento, tanto rústicos como urbanos, por falta de pago al propietario de las rentas o alquileres pactados. En la actualidad esta acción, la de Desahucio, se ejercita a través del Juicio Verbal. // Véase Acción de Desahucio y Juicio Verbal.

PROCEDIMIENTO DE EJECUCIÓN. DPC: Véase Ejecución.

PROCEDIMIENTO PARA EL ENJUICIAMIENTO DE DELITOS LEVES. DPP.: Véase Juicio sobre Delitos Leves.

PROCEDIMIENTO DE MAYOR CUANTÍA. DPC: Expediente judicial civil ya inexistente tras la entrada en vigor de la Ley de Enjuiciamiento Civil 1/2000 de 7 de Enero, que servía de cauce, básicamente, para el enjuiciamiento y resolución de cuestiones civiles cuyo valor o cuantía excedía de ciento sesenta millones de pesetas (961.619 euros).

PROCEDIMIENTO DE MENOR CUANTÍA. DPC: Expediente judicial civil ya inexistente tras la entrada en vigor de la Ley de Enjuiciamiento Civil 1/2000 de 7 de Enero, que servía de cauce, básicamente, para el enjuiciamiento y resolución de cuestiones civiles cuyo valor o cuantía era indeterminado o superaba las ochocientas mil pesetas (4.808,1 euros), no excediendo de ciento sesenta millones (961.619 euros).

PROCEDIMIENTO DE RETRACTO. DPC: Juicio Ordinario civil que sirve de cauce para enjuiciar y resolver respecto al derecho de una persona a adquirir la finca rústica o urbana comprada por otro, en los casos previstos en la Ley, y en las mismas condiciones que se realizó la operación original. // Véase Retracto.

PROCEDIMIENTO EJECUTIVO. DPC: Expediente judicial civil ya inexistente tras la entrada en vigor de la Ley de Enjuiciamiento Civil 1/2000 de 7 de Enero, que servía de base al enjuiciamiento y resolución de reivindicaciones dinerarias basadas en actos o documentos a los que la Ley reconoce expresamente la posibilidad de emplear esta vía para su reclamación, por otorgarles lo que se llama fuerza ejecutiva. En la actualidad, y dentro del panorama procesal español, su papel ha sido asumido fundamentalmente por el Juicio Monitorio y el Juicio Cambiario.// Véase Juicio Monitorio. Véase Juicio Cambiario. // Véase Ejecución.

PROCEDIMIENTO INCIDENTAL. DPC: Aquel en el que se sustancian y deciden cuestiones incidentales. // Véase Cuestión Incidental.

PROCEDIMIENTO INTERDICTAL. DPC: Expediente civil hoy inexistente, tras la entrada en vigor de la Ley de Enjuiciamiento Civil 1/2000, de 7 de enero, que servía de cauce para tramitar las distintas acciones posesorias de adquirir la posesión, retener o recobrar la misma, obra nueva y obra ruinosa. Actualmente su papel ha sido asumido por el Juicio Verbal. // Véase Adquirir la Posesión, Acción de. Véase Obra Nueva, Acción de. Véase Obra Ruinosa, Acción de. Véase Recobrar o Retener la posesión, Acción de.

PROCEDIMIENTO MONITORIO. DPC: Juicio del orden jurisdiccional civil al que deberá acudir quien pretenda de otro el pago de una deuda dineraria, vencida y exigible, de cantidad determinada que no exceda de doscientos cincuenta mil Euros, cuando al deuda de esa cantidad resulte acreditada documentalmente en la forma prevista en la Ley.

PROCEDIMIENTO ORDINARIO. DPC: Véase Juicio Ordinario.

PROCEDIMIENTO SUMARIAL. DPP: Véase Sumario Ordinario.

PROCEDIMIENTO VERBAL. DPC: Véase Juicio Verbal.

PROCEDIMIENTO PARA EL ENJUICIAMIENTO RÁPIDO DE DETERMINADOS DELITOS. DPP: Procedimiento penal que se aplica a la instrucción y al enjuiciamiento de delitos castigados con pena privativa de libertad que no exceda de cinco años, o con cualesquiera otras penas, bien sean únicas, conjuntas o alternativas, cuya duración no exceda de diez años, cualquiera que sea su cuantía, siempre que el proceso penal se incoe en virtud de un atestado policial y que la Policía Judicial haya detenido a una persona y la haya puesto a disposición del Juzgado de guardia o que, aun sin detenerla, la haya citado para comparecer ante el Juzgado de guardia por tener la calidad de denunciado en el atestado policial y, además, concurra cualquiera de las circunstancias siguientes: 1.ª Que se trate de delitos flagrantes; 2.ª Que se trate de alguno de los siguientes delitos: a) Delitos de lesiones, coacciones, amenazas o violencia física o psíquica habitual, cometidos contra las personas a que se refiere el artículo 153 del Código Penal. b) Delitos de hurto. c) Delitos de robo. d) Delitos de hurto y robo de uso de vehículos. e) Delitos contra la seguridad del tráfico. 3.ª Que se trate de un hecho punible cuya instrucción sea presumible que será sencilla.

PROCEDIMIENTO PARA LA DIVISIÓN DE UNA HERENCIA. DPC: Conjunto de trámites procesales que pretenden la división de los bienes integrantes de una herencia y su distribución entre los herederos.

PROCEDIMIENTO PARA LA INTERVENCIÓN DE CAUDAL HEREDITARIO. DPC: Conjunto de trámites procesales que tienen por objeto el aseguramiento de los bienes de una herencia y de los documentos de un difunto.

PROCEDIMIENTOS ARRENDATICIOS. DPC: Expedientes judiciales a través de los cuales se tramitan y resuelven temas relacionados con los contratos de arrendamientos rústicos y urbanos. Actualmente las acciones arrendaticias se tramitan a través del Juicio Ordinario y del Juicio Verbal, según sea el objeto de las mismas.

PROCEDIMIENTOS CONTENCIOSO ADMINISTRATIVOS. PCA: Expedientes judiciales que sirven de cauce para el enjuiciamiento y resolución de impugnaciones realizadas contra actos y disposiciones definitivos dictados por la Administración.

PROCEDIMIENTOS DE TUTELA SUMARIA DE LA POSESIÓN. DPC: Los regulados en la Ley de Enjuiciamiento Civil para la rápida protección de los derechos de los poseedores de bienes o derechos. Se caracterizan tanto por no tener la sentencia que se dicte efectos de cosa juzgada, como por estar limitados para las partes los mecanismos de alegación o defensa.

PROCEDIMIENTOS DE TUTELA SUMARIA DE LA PROPIEDAD. DPC: Los regulados en la Ley de Enjuiciamiento Civil para la rápida protección de los derechos reales inscritos en el Registro de la Propiedad (propiedad, usufructo....). Se caracterizan tanto por no tener la sentencia que se dicte efectos de cosa juzgada, como por estar limitados para las partes los mecanismos de alegación o defensa.

PROCEDIMIENTOS LABORALES. DL: Conjunto de expedientes judiciales utilizados para enjuiciar y resolver cuestiones vinculadas con la legislación laboral.

PROCEDIMIENTOS MATRIMONIALES. DPC: Expedientes judiciales a través de los cuales se pretende obtener la separación, el divorcio o disolución, o la nulidad de los matrimonios, cualquiera que haya sido su forma de celebración. Actualmente estas acciones se tramitan conforme a lo dispuesto para el Juicio Verbal, con algunas modificaciones.

PROCESADO. DPP: Persona a la que se presume, racional y criminalmente, responsable de la comisión de un delito, declarándolo así el Juez Instructor en auto dictado al efecto en la fase de instrucción del Sumario, adoptando en indicada resolución contra dicho individuo diversas medidas tendentes a asegurar tanto su persona como sus bienes, con el fin de garantizar la ejecución de una posible y futura sentencia condenatoria.

PROCESAMIENTO, AUTO DE. DPP: Resolución judicial motivada que dicta en Juez en la fase de instrucción del Sumario, declarando procesada a la persona respecto de la cual existen indicios racionales de criminalidad, adoptándose contra la misma medidas asegurativas tanto de su persona como de sus bienes, con el fin de garantizar la ejecución de una posible y futura sentencia condenatoria.

PROCESO DE EJECUCIÓN. DPC: Véase Ejecución.

PROCURADOR. DP: Profesional liberal que, en virtud de un poder otorgado ante Notario o ante Letrado de la Administración de Justicia, ejerce legalmente ante Juzgados y Tribunales la representación de quien lo ha apoderado, actuando válidamente en su nombre.

PROMESA. DP: Véase Juramento.

PROMESA DE ACTUAR CON OBJETIVIDAD. DPC: Véase Juramento o Promesa de Actuar con Objetividad.

PROMESA DE DECIR VERDAD. DPC: Véase Juramento o Promesa de Decir Verdad.

PROMOCIÓN INTERNA. DG: Ascenso de los funcionarios públicos desde cuerpos de nivel inferior a otros de superior cualificación, a través de concursos de méritos entre empleados públicos, no mediante oposición libre en competencia igualitaria con quien aún no lo es.

PROPIEDAD. DCv: Derecho que tenemos sobre los bienes que nos pertenecen para usar y disponer de ellos libremente, y para reclamar la devolución de los que estén en poder de terceras personas.

PROTOCOLIZACIÓN. DP: Acción y efecto por el que se incorpora un documento o expediente al archivo o protocolo notarial.

PROTOCOLO. DG: Archivo del Notario.

PROVIDENCIA. DP: Resolución del Juez o tribunal que se dictará cuanto el pronunciamiento se refiera a cuestiones procesales, y por tanto de trámite, que requieran una decisión judicial por así establecerlo la Ley, siempre que en tales casos no se exija expresamente la forma de auto.

PROVISIÓN DE FONDOS. DP: Anticipo económico que el poderdante debe realizar al Procurador a cuyo favor ha otorgado poder o mandato para que le represente en un determinado proceso, al objeto de que, con el dinero entregado, el representante pueda comenzar a paliar los gastos que se generen.

PRUEBA. DP: Cada uno de los medios utilizados por las partes en un proceso para acreditar ante el órgano judicial la certeza de los hechos que son base de sus pretensiones.

PRUEBA, ANTICIPACIÓN Y ASEGURAMIENTO DE LA. DPC: Práctica anticipada de algún acto de prueba que tiene lugar, a petición de parte y previa autorización del tribunal, cuando exista temor fundado de que, por causa de las personas o del estado de las cosas, dichos actos no podrán realizarse en el momento procesal generalmente previsto.

PRUEBA DE CONFESIÓN JUDICIAL. DPC: Véase Confesión Judicial. // Véase Prueba de Interrogatorio de las Partes.

PRUEBA DE COTEJO DE LETRAS. DPC: Prueba pericial que se practica cuando se niega o no se reconoce la autenticidad de un documento privado presentado en juicio.

PRUEBA DE DICTAMEN DE PERITOS: DPC: Medio de prueba consistente en la emisión, a instancia de parte o de oficio, por una o varias personas expertas en materias científicas, artísticas o técnicas, de un dictamen dirigido a permitir al órgano judicial el conocimiento o apreciación correcto de ciertos hechos de contenido o características no jurídicas.

PRUEBA DE DOCUMENTOS PRIVADOS. DPC: Aquella consistente en la aportación al proceso de documentos formados por particulares, habiendo intervenido en su redacción sólo los propios interesados. // Véase Documento Privado.

PRUEBA DE DOCUMENTOS PÚBLICOS. DPC: Aquella consistente en la aportación al pleito de documentos autorizado por Notario o por funcionario público competente, con las solemnidades previstas en la Ley. // Véase Documento Público.

PRUEBA DE INTERROGATORIO DE LAS PARTES. DPC: Medio de prueba existente en los procedimientos civiles en virtud del cual cada parte podrá solicitar del tribunal el interrogatorio de las demás sobre hechos y circunstancias de los que tengan noticia y que guarden relación con el objeto del juicio. Antes de la entrada en vigor de la Ley 1/2000 de Enjuiciamiento Civil, esta prueba era denominada "Confesión Judicial". // Véase Preguntas del Interrogatorio a las Partes.

PRUEBA DE INTERROGATORIO DE TESTIGOS. DPC: Medio de prueba consistente en la formulación de diversas cuestiones o preguntas sobre el objeto del proceso a terceras personas ajenas al mismo. // Véase Preguntas del Interrogatorio para Testigos.

PRUEBA DE MEDIOS DE REPRODUCCIÓN DE LA PALABRA, LA IMAGEN Y EL SONIDO. DPC: Medio de prueba consistente en la admisión como sistema acreditativo de unos hechos de medios de reproducción de la palabra, la imagen y el sonido, así como de los instrumentos que permiten archivar y conocer o reproducir palabras, datos, cifras y operaciones matemáticas llevadas a cabo con fines contables o de otra clase, relevantes para el proceso.

PRUEBA DE PRESUNCIONES. DPC: Actuación intelectual que consiste en tener como cierto un hecho que se presume a partir de la asunción como verdadero de otro hecho distinto, que le sirve al primero de indicio o base.

PRUEBA DE RECONOCIMIENTO JUDICIAL. DPC: Medio de prueba consistente en el examen que realiza por sí mismo el propio Juez que tramita el asunto, del sitio o cosa litigiosa, plasmando en un acta levantada al efecto las impresiones que tal apreciación le produce.

PRUEBA, DILIGENCIAS FINALES DE. DPC: Véase Diligencias Finales de Prueba.

PRUEBA DOCUMENTAL PRIVADA. DPC: Véase Prueba de Documentos Privados.

PRUEBA DOCUMENTAL PÚBLICA. DPC: Véase Prueba de Documentos Públicos.

PRUEBA PERICIAL. DPC: Véase Prueba de Dictamen de Peritos.

PRUEBA TESTIFICAL. DPC: Véase Prueba de Interrogatorio de Testigos.

QUEBRANTAMIENTO DE CONDENA. DPn: Delito consistente en el incumplimiento voluntario e ilegal protagonizado por el condenado de la pena que se le ha impuesto.

QUEBRANTAMIENTO DE FORMA. DP: Véase Recurso de Casación.

QUEJA. DP: Véase Recurso de Queja.

QUERELLA. DPP: Acusación ante Juez o Tribunal competente, ejecutada por escrito y observando las solemnidades previstas en la Ley, por la que se constituye quien la formula (querellante) como parte en el proceso, ejercitándose a su través la acción penal contra la persona o personas (querellados) que quien la suscribe considera presuntamente responsables del delito que se pone en conocimiento del órgano judicial.

QUERELLADO. DPP: Persona contra la que se formula una querella por estimarle responsable de la comisión de un delito.

QUERELLLANTE. DPP: Persona que interpone una querella.

QUIEBRA, JUICIO DE. DPC: Pleito cuyo objeto es liquidar y calificar la situación del comerciante o empresario que no puede hacer frente al cumplimiento de las obligaciones que tiene contraídas.

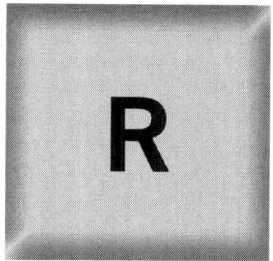

RAMO SEPARADO. DP: Véase Pieza Separada.

RATIFICACIÓN DE LA PRISIÓN, AUTO DE. DPP: Resolución judicial motivada que el Juez de Instrucción ha de dictar cuando haya ordenado el ingreso en prisión provisional de una persona, ante la concurrencia de una extraordinaria y urgente causa, sin petición el efecto realizada por la acusación. Decretada la prisión por el Juez sin solicitud previa, deberá ser celebrada la comparecencia legalmente prevista, y, a la vista de su resultado, se dictará la resolución que se define, u otra dejando sin efecto la prisión, en el caso de que ninguna de las partes personadas la haya interesado.

RAZONAMIENTOS JURÍDICOS. DP: Parte de las resoluciones denominadas "Auto" o "Decreto", que contiene los fundamentos legales en los que el órgano judicial o el Letrado de la Administración de Justicia se basan para decidir la cuestión.

REBELDE. DP: Demandado que no comparece en forma en la fecha o en el plazo señalado en la citación o emplazamiento, siendo declarado en situación procesal de rebeldía, sin que ello sea considerado como allanamiento o admisión de los hechos de la demanda.// Véase Recurso de Rescisión de Sentencias Firmes.

REBELDÍA. DP: Véase Declaración de Rebeldía.

RECIBIMIENTO A PRUEBA, RESOLUCIÓN O ACUERDO DE. DPC: Aquel en el que, finalizada la fase de alegaciones, se acuerda el inicio del periodo del pleito en el que las partes propondrán al órgano judicial los medios de prueba que a su derecho interesen, y se practicará la que tal órgano declare pertinente, acordándose lo necesario para ello.

RECLUSIÓN MAYOR. DPn: Pena privativa de libertad, suprimida por el vigente Código Penal, que tenía una duración de entre veinte años y un día y treinta años.

RECLUSIÓN MENOR. DPn: Pena privativa de libertad, suprimida por el vigente Código Penal, que tenía una duración de entre doce años y uno día y veinte años.

RECONOCIMIENTO EN RUEDA. DPP: Actuación judicial utilizada para obtener la correcta identificación del acusado por parte del denunciante o de testigos, que se ejecuta poniendo a la vista del que hubiere de verificarlo a la persona que haya de ser reconocida, haciéndola comparecer en unión de otras de circunstancias exteriores semejantes, tanto físicas como de indumentaria.

RECONOCIMIENTO JUDICIAL. DPC: Véase Prueba de Reconocimiento Judicial.

RECONOCIMIENTO PERICIAL. DPC: Examen que el perito encargado de informar al órgano judicial realiza por sí mismo del bien o cosa objeto de su análisis, como requisito previo para la emisión de su dictamen.// Véase Prueba de Dictamen de Peritos.

RECONSTRUCCIÓN DE AUTOS. DPC: Labor que ha de realizarse cuando las actuaciones judiciales o expedientes que se conservan en la Oficina Judicial han desaparecido o se han mutilado total o parcialmente.

RECONVENCIÓN. DPC: Pretensión o pretensiones que el demandado formula al contestar a la demanda contra el que promovió el juicio, para que se sustancien en el mismo proceso y se decidan en la misma sentencia que resolverá el contenido de la demanda originaria.

RECURSO. DP: Acción que la Ley concede al interesado en un procedimiento para reclamar contra las resoluciones dictadas por los órganos judiciales y de los Letrados de la Administración de Justicia, para su revisión por el mismo que las emitió, o por otro distinto y superior, con el fin de obtener su revocación total o parcial.

RECURSO CONTENCIOSO ADMINISTRATIVO. PCA: Véase Procedimientos Contencioso Administrativos.

RECURSO CONTENCIOSO ELECTORAL. PCA: Procedimiento que se tramita ante los órganos de la Jurisdicción Contencioso Administrativa, para resolver impugnaciones efectuadas contra determinados acuerdos de las diferentes Juntas Electorales.

RECURSO DE AMPARO. DC: El que habilita al ciudadano afectado para recabar ante el Tribunal Constitucional la tutela de un derecho o libertad conculcado por los poderes públicos.

RECURSO DE ANULACIÓN. DPP: Recurso interponible por aquel que ha sido condenado en ausencia en el Procedimiento Abreviado o en el Procedimiento para el Enjuiciamiento Rápido de Determinados Delitos, contra la sentencia dictada, en el mismo plazo y con iguales requisitos y efectos que los establecidos en el recurso de apelación. El plazo se contará desde el momento en que se acredite que el condenado tuvo conocimiento de la sentencia.

RECURSO DE APELACIÓN. DP: Recurso interponible contra determinadas resoluciones judiciales, que será solventado por el órgano inmediato superior del que dictó la decisión impugnada.

RECURSO DE CASACIÓN. DP: El que se desarrolla ante el Tribunal Supremo (o ante los Tribunales Superiores de Justicia cuando el objeto del proceso sea una norma de Derecho Foral) para la anulación de sentencias dictadas por órganos judiciales inferiores, en procedimientos en los que se alega por el recurrente infracción de las normas aplicables para la tramitación o la resolución de las cuestiones objeto del proceso.

RECURSO DE INCONSTITUCIONALIDAD. DC: Impugnación que formula quien legalmente está facultado para ello ante el Tribunal Constitucional, respecto a una Ley o norma que se estima contraria a nuestro texto constitucional.

RECURSO DE QUEJA. DP: En general, el que se promueve ante un Tribunal superior a consecuencia de la negativa o resistencia del inferior a admitir un recurso (de Apelación, de Casación o Extraordinario por Infracción Procesal) contra alguna resolución por este último dictada.

RECURSO DE REFORMA. DPP: El que se interpone en un procedimiento penal para pedir a los Jueces la modificación de sus resoluciones, cuando el objeto del recurso no sea una sentencia.

RECURSO DE REPOSICIÓN. DPC: El que se interpone en un procedimiento civil, contencioso administrativo o social para pedir a los Jueces o Letrados de la Administración de Justicia la modificación de sus propias resoluciones (providencias ó diligencias de ordenación, así como autos y decretos, cuando estos últimos no sean definitivos, es decir no pongan fin al procedimiento o impidan su continuación). En el proceso penal el recurso de reposición también está previsto, pero exclusivamente para su interposición contra diligencias de ordenación y decretos no definitivos del Letrado de la Administración de Justicia.

RECURSO DE RESCISIÓN DE SENTENCIAS FIRMES. DPC: Aquel que podrán utilizar los demandados que hayan permanecido constantemente en rebeldía, pretendiendo que se deje sin efecto la sentencia firme dictada en los casos concretos que prevé la ley.

RECURSO DE REVISIÓN. DP: El que se interpone directamente contra decretos del Letrado de la Administración de Justicia que son definitivos, es decir que ponen fin al procedimiento o que impiden su continuación, además de en aquellos supuestos en los que las leyes procesales así lo establecen.

RECURSO DE REVISIÓN CONTRA SENTENCIAS FIRMES. DP.- Recurso extraordinario que puede ser interpuesto de forma excepcional contra sentencias firmes, es decir, contra aquellas que no puede ser interpuesto recurso ordinario alguno, en los casos especialmente previstos en las distintas leyes procesales.

RECURSO DESIERTO, AUTO DECLARANDO UN. DP: Resolución dictada por el órgano judicial superior encargado de resolver un recurso, cuando el recurrente ha dejado transcurrir, sin personarse ante el mismo tras ser emplazado, el plazo concedido para ello por el órgano inferior que dictó la resolución impugnada.

RECURSO DE SÚPLICA. DP: Actualmente inexistente, regulado en los órdenes jurisdiccionales social y contencioso administrativo para pedir a los juzgados y tribunales, la modificación de sus propias resoluciones, cuando éstas no sean sentencias.

RECURSO DE SUPLICACIÓN. DL: En la jurisdicción social, el que se interpone contra las sentencias dictadas por los Juzgados de lo Social para su ulterior conocimiento por las Salas de lo Social de los Tribunales Superiores de Justicia.

RECURSO EN INTERÉS DE LEY. DPC: Aquel que se insta para conseguir la unidad de la doctrina jurisprudencial respecto de sentencias que resuelvan recursos extraordinarios por infracción de ley procesal, cuando las Salas de lo Civil y Penal de los Tribunales Superiores de Justicia sostuvieran criterios discrepantes sobre la interpretación del normas procesales.

RECURSO EXTRAORDINARIO DE REVISIÓN. DP: El que se interpone para obtener la revocación de una sentencia firme, en las casos extraordinarios fijados por las leyes.

RECURSO EXTRAORDINARIO POR INFRACCIÓN PROCESAL. DPC: Recurso que será conocido por las Salas de lo Civil y Penal de los Tribunales Superiores de Justicia, como Salas de lo Civil, contra sentencias y autos dictados en segunda instancia por las Audiencias Provinciales, que sólo podrá fundarse en la infracción de normas sobre jurisdicción, competencia objetiva o funcional, normas procesales reguladoras de la sentencia, normas legales que rigen los actos y garantías del proceso, o bien por vulneración de los derechos fundamentales reconocidos en el art. 24 de la Constitución.

RECUSACIÓN. DP: Acción de poner tacha o excepción a un Juez, Letrado de la Administración de Justicia, Funcionario, perito, testigo, etc., con el fin de lograr que se aparte del conocimiento o de la intervención en un pleito, provocando en su caso su sustitución, cuando en aquellos se de alguna de las circunstancias previstas legalmente, en relación con los sujetos o con el objeto del asunto, que les haga dudar sobre su imparcialidad en el desempeño de su cometido. /// Véase Tacha.

RECUSAR. DP: Poner tacha o excepción a un Juez, Letrado de la Administración de Justicia, perito, testigo, etc., que interviene en un proceso, para que no actúe en él.

REFORMA CONSTITUCIONAL. DC: Modificación total o parcial de una Constitución.

REGISTRO CENTRAL DE PENADOS. OE: Oficina integrada en el Ministerio de Justicia, en la que se recogen y archivan las notas relativas a las condenas impuestas a los ciudadanos en los procedimientos penales por delitos, y que le son remitidas por los Juzgados y Tribunales sentenciadores.

REGISTRO CENTRAL DE REBELDES CIVILES. OE: Oficina integrada en el Ministerio de Justicia, en la que se recoge el domicilio y datos personales de todos aquellos demandados que no han podido ser localizados pese a la realización por parte del tribunal de actuaciones tendentes a la averiguación de aquel.

REGISTRO CIVIL. OE: Oficina pública en la que se toma razón de cuantas situaciones conciernen al estado civil de las personas.

REGISTRO DE LA PROPIEDAD. OE: Aquel en el que se inscriben todos los bienes inmuebles de la demarcación o partido, con expresión de sus dueños, haciendo constar, además, los cambios y limitaciones de derecho que dichos bienes experimentan.

REGISTRO MERCANTIL. OE: Aquel en el que se inscriben los actos y contratos de comercio o empresariales.

REGLAMENTO. DG: Norma escrita de rango general y con carácter subordinado a la Ley emanada de la Administración, que la dicta en virtud del ejercicio de su propia competencia para ello.

REHABILITAR. DPc: Volver a hacer hábil lo que había perdido vigencia o validez. // En relación al contrato de arrendamiento, el mismo se rehabilita cuando el arrendatario demandado paga al arrendador demandante todo lo que le adeuda, en los casos y plazos previstos por la ley, archivándose seguidamente el procedimiento judicial iniciado para anular aquel contrato y conseguir el lanzamiento del deudor de la finca arrendada. // En relación con los contratos de préstamo con garantía hipotecaria –ejecuciones hipotecarias-, el mismo se rehabilita cuando el deudor demandado paga al acreedor hipotecario demandante todo lo que le adeuda, en los casos y plazos previstos por la ley, archivándose seguidamente el procedimiento judicial iniciado. // Véase Enervar.

REIVINDICATORIA, ACCIÓN. DPC: La ejercida en un procedimiento civil para recuperar lo que pertenece por Derecho, y que está en poder de otro.

REMATE. DP: Puja, postura u oferta que consigue la adjudicación a favor de quien la efectúa de los bienes vendidos en pública subasta.

REMISIÓN CONDICIONAL. DPn: Véase Condena Condicional.

REMOCIÓN DE DEPÓSITO. DCv. DPC: Cambio en la persona que ostenta el cargo de depositario.

RENUNCIA. DPC: Acción de abandono por parte del actor en un procedimiento civil de la acción ejercitada en el mismo, o del derecho en que se funda su pretensión, que provocará el dictado por parte del tribunal de sentencia absolviendo al demandado, salvo que la renuncia fuere legalmente inadmisible.

REQUERIMIENTO, DILIGENCIA DE. DP: Acto procesal que realice el funcionario competente, en virtud del cual se ordena a una persona una conducta o inactividad, admitiéndose en la diligencia que se levanta al efecto la posible respuesta del requerido.

REQUISITORIA. DPP: Aviso o llamada formal que se inserta en el fichero automatizado correspondiente de las Fuerzas y Cuerpos de Seguridad y, cuando se considere oportuno, en los medios de comunicación escrita, que es realizada por el órgano judicial en un procedimiento penal al acusado, ausente voluntaria e injustificadamente del mismo, cuyo objeto es hallarle y hacerle comparecer a presencia judicial.

RESCISIÓN DE SENTENCIAS FIRMES. DPC: Véase recurso de rescisión de sentencias firmes.

RESPONSABILIDAD CIVIL. DPn. DPP: Compensación económica y dineraria que el autor de un delito debe satisfacer al perjudicado por el mismo para paliar los daños y los perjuicios causados por su ilegal conducta.

RESPONSABLE CIVIL DIRECTO. DPP: Persona o entidad que asume la satisfacción de las responsabilidades civiles surgidas por la comisión de un delito, por ser el autor del mismo o estar llamado a ello por imperativo legal.

RESPONSABLE CIVIL SUBSIDIARIO. DPP: Persona o entidad que asume la satisfacción de las responsabilidades civiles nacidas de un delito, una vez declarada la insolvencia del responsable civil directo.

REPRESENTACIÓN PROCESAL. DG: Véase Procurador.

RETENER Y RECOBRAR, ACCIÓN DE. DPC: La que, a través del Juicio Verbal, se ejerce por el poseedor bien para defenderse de los ataques que amenazan a su posesión, bien para recuperar la posesión perdida.

RETRACTO. DCv: Derecho de una persona a adquirir la finca rústica o urbana comprada por otro, en las mismas condiciones en que se cerró la primera operación, y en los casos previstos en la Ley.

REVOCAR. DG: Anular, dejar sin efecto.

SALA. DP: Conjunto de Magistrados que conforman un Tribunal.

SALA DE AUDIENCIA. OJ: Pieza o habitación del Palacio de Justicia en la que se constituye el Juez o el Tribunal para la celebración de actos públicos.

SATISFACCIÓN EXTRAPROCESAL. PCA. DP: Cumplimiento que la Administración, o un particular, realiza de las pretensiones del actor en el recurso contencioso administrativo, o en un procedimiento civil, respectivamente, realizado al margen de dicho procedimiento judicial.

SECCIÓN. RC. OJ: Cada uno de los departamentos en los que está estructurada la oficina del Registro Civil: Nacimientos, Matrimonios, Defunciones y Tutelas. // División orgánica en la que se disponen los órganos jurisdiccionales colegiados.

SECRETARIO COORDINADOR PROVINCIAL. OJ. Órgano superior jerárquico del Cuerpo de Letrados de la Administración de Justicia que, respecto de los que estén destinados en la provincia, ejerce las funciones de coordinación, dirección y disciplinarias que fija la Ley.

SECRETARIO DE GOBIERNO. OJ: Órgano superior jerárquico del Cuerpo de Letrados de la Administración de Justicia que extiende su jurisdicción al territorio de una Comunidad Autónoma, y que, respecto de aquellos que están destinados en este ámbito, ejerce las funciones de coordinación, dirección, disciplinarias, etc., que determina la Ley.

SECRETARIOS JUDICIALES. OJ: Ahora denominados Letrados de la Administración de Justicia. Funcionarios de carrera pertenecientes al cuerpo nacional del mismo nombre, al servicio de la Administración de Justicia, que ejercen, sometidos a los principios de unidad de actuación y dependencia jerárquica, la fe pública judicial con plenitud de efectos, asisten a Jueces y Tribunales en el ejercicio de sus funciones, ostentan la dirección procesal del personal de la Oficina Judicial, son responsables únicos de los servicios comunes procesales, etc.

SEGUNDA INSTANCIA. DP: Replanteamiento de un asunto ante un órgano judicial superior, tras ser recurrida para ello la resolución dictada por el Juzgado o Tribunal que conoció del pleito en primera instancia, es decir, por vez primera.

SENADO. OE: Cámara de representación territorial del Estado, segunda de las Cortes Generales, que comparte con el Congreso de los Diputados, como principales funciones, el ejercicio del Poder Legislativo y el control de la acción del Gobierno o Poder Ejecutivo.

SENTENCIA. DP: Resolución dictada por el Juez o Tribunal, concluido el proceso, resolviendo, finalmente, sobre el asunto principal planteado.

SENTENCIA ABSOLUTORIA. DPP: La que, al final de un proceso penal, exculpa, exime de responsabilidad criminal al hasta ese instante era el presunto responsable del delito que dio origen a la incoación de los autos.

SENTENCIA CONDENATORIA. DPP: La que, al final de un proceso penal, considera criminalmente responsable del delito que dio origen a la incoación del expediente, a quien hasta ese momento sólo lo era presuntamente.

SENTENCIA FIRME. DP: La que, por no ser recurrible o haber sido consentida por las partes, es definitiva y ejecutoria.

SEPARACIÓN MATRIMONIAL. DCv: Interrupción de la vida y de la comunidad conyugal asumida de común acuerdo por los cónyuges, o impuesta por uno de ellos cuando existe causa legal que la justifique.

SERVICIO ACTIVO. DG: Situación administrativa en la que se encuentra el funcionario que ocupa plaza en la plantilla orgánica del cuerpo al que pertenece, aunque esté pendiente de tomar posesión en otro destino, esté disfrutando de algún permiso o licencia reglamentario, o le haya sido concedida comisión de servicio.

SERVICIO COMÚN PROCESAL. OJ: Toda aquella unidad de la Oficina judicial que, sin estar integrada en un órgano judicial concreto, asume labores centralizadas de gestión y apoyo en actuaciones derivadas de la aplicación de las leyes procesales. Están dirigidas y gestionadas por Letrados de la Administración de Justicia.

SERVICIOS ESPECIALES. DG: Situación administrativa en la que se encuentra el funcionario cuando concurra en su caso alguna de las circunstancias taxativamente determinadas en la Ley.

SINDICATOS. OE: Asociaciones de trabajadores por cuenta ajena, para la defensa y promoción de los intereses que les son propios.

SOBRESEIMIENTO, AUTO DE. DPP: Resolución que pone fin al proceso penal sin pronunciamiento sobre el fondo del asunto.

SOBRESEIMIENTO LIBRE, AUTO DE. DPP: El que se dicta cuando, de la instrucción penal, resulta patente que o no se ha producido infracción penal alguna, o que sus autores están exentos de responsabilidad, por lo que se produce el archivo definitivo del expediente, con los mismos efectos de cosa juzgada que si se hubiera dictado sentencia absolutoria.

SOBRESEIMIENTO PROVISIONAL, AUTO DE. DPP: El que se dicta cuando existen dudas sobre la comisión del hecho o sobre su autoría, decretándose una mera suspensión del proceso.

SOLICITUD DE COOPERACIÓN JURÍDICA INTERNACIONAL. DP: Demanda de colaboración que realiza un órgano judicial español a otro extranjero, fundamentalmente de la Unión Europea, en base al Tratado Internacional de Schengen. // Véase Comisión Rogatoria.

SOLVENCIA. DP: Capacidad para satisfacer o pagar lo que se debe.

SUBASTA. DP: Venta pública de bienes que se hace al mejor postor, por mandato y con intervención de la Autoridad.

SUBROGAR. DCv: Sustituir, reemplazar, poner a una persona o cosa en el lugar de otra. // Véase Retracto.

SUCESIÓN. DCv: Conjunto de bienes, derechos y obligaciones que al morirse una persona es transmitido a sus herederos.

SUCESIÓN COLATERAL. DCv: La que corresponde a hermanos, tíos, sobrinos y otros familiares que ni ascienden ni descienden directamente del fallecido.

SUCESIÓN DIRECTA. DCv: La que corresponde a los familiares del fallecido que son sus ascendientes o descendientes en línea recta: Abuelos, padres, hijos, nietos, etc.

SUCESIÓN INTESTADA. DCv: La que se efectúa por mandato de la Ley, y no por testamento, al no haber otorgado el mismo quien ha fallecido.

SUCESIÓN PROCESAL. DPC: Cambio que, a todos los efectos, se produce en un proceso, cuando una persona sucede a otra en la posición que ésta venía ocupando, cuando lo que sea objeto del pleito o juicio ha sido transmitido a quien recientemente se incorpora, bien "mortis causa" (sucesión procesal por muerte), bien "inter vivos" (sucesión procesal como consecuencia del tráfico civil o mercantil).

SUCESIÓN TESTADA. DCv: La regulada por la voluntad del fallecido plasmada en un testamento que reúna los requisitos exigidos por la Ley.

SUMARIEDAD. DG: Brevedad, celeridad en la tramitación de un proceso.

SUMARIO. DPP: Sumario Ordinario. // Fase de instrucción del Sumario Ordinario constituida por el conjunto de actuaciones encaminadas a la averiguación del delito y de su autor, y a la fijación de medidas cautelares.

SUMARIO ORDINARIO. DPP: Procedimiento penal que es utilizado para enjuiciar delitos muy graves, sancionados con penas privativas de libertad superiores a prisión mayor.

SUMISIÓN. DPC: Sometimiento voluntario que las partes realizan a un Juez determinado para que conozca del pleito a que de origen el ejercicio de las acciones que les correspondan.

SUMISIÓN EXPRESA. DPC: La que realizan los interesados renunciando clara y terminantemente a su propio fuero, y designando con toda precisión el Juez a quien se sometieren.

SUMISIÓN TÁCITA. DPC: La que se entiende hecha por el demandante por el mero hecho de acudir a un Juez interponiendo la demanda, y por el demandado por el hecho de realizar, después de personado en el juicio, cualquier gestión que no sea proponer en forma la cuestión de competencia por declinatoria.

SUPLICATORIO. DPP: Instancia que un Juez o Tribunal eleva al Congreso o al Senado pidiendo autorización para proceder conforme a Derecho contra algún miembro de dicho cuerpo legislativo, presuntamente responsable de la comisión de un delito.

SUPLICO. DP: Fragmento final de los escritos que las partes dirigen a los órganos judiciales, en el que se especifica con claridad y precisión la petición que recaban por medio del mismo.

SUPLIDOS. DG: Dinero anticipado por el Procurador que es entregado a cuenta y cargo de su cliente, con motivo de la representación que este ha conferido a su favor para el ejercicio de sus trabajos profesionales. Véase Cuenta del Procurador.

SUSPENSIÓN DE CONDENA. DPn: Véase Condena Condicional.

SUSTANCIACIÓN. DP: Tramitación de un procedimiento.

TABLÓN EDICTAL JUDICIAL ÚNICO. DG.: Servicio prestado por la Agencia Estatal Boletín Oficial del Estado para la inserción unificada en todo el territorio del Estado de edictos para la práctica de actos de comunicación generados en los distintos procedimientos judiciales.

TACHA. DPC: Recusación de Peritos y Testigos. // Véase Recusación.

TASACIÓN DE COSTAS. DP: Valoración de los gastos habidos en un procedimiento, realizada por el Letrado de la Administración de Justicia o por el funcionario que legalmente haga sus veces /// Véase Costas Procesales.

TASA POR EL EJERCICIO DE LA ACTIVIDAD JURISDICCIONAL. DP: Tributo que se paga por el ejercicio de la potestad jurisdiccional, a instancia de parte, en los órdenes jurisdiccionales civil y contencioso-administrativo, mediante la realización de los siguientes actos procesales:
- La interposición de la demanda en toda clase de procesos declarativos y de ejecución en el orden jurisdiccional civil, así como la formulación de reconvención.
- La interposición de recursos de apelación, extraordinario por infracción procesal y de casación en el orden civil.
- La interposición de recurso contencioso-administrativo.
- La interposición de recursos de apelación y casación en el ámbito de la jurisdicción contencioso-administrativa.

TERCERÍA. DCv. DPC: Derecho que deduce un tercero contra dos o más litigantes, por estimar que, respecto a un bien que es objeto del pleito, tiene su propiedad o dominio (Tercería de Dominio), o goza de mejor derecho sobre él (Tercería de Mejor Derecho). // Juicio en el que se ejercita este derecho.

TERCERISTA. DPC: Parte demandante en un procedimiento o juicio de Tercería.

TERMINO. DP: Momento determinado a partir del cual un negocio o actuación jurídica o procesal debe comenzar a producir efectos, o dejar de hacerlo.

TÉRMINO DE PRUEBA. DPC: Momento o plazo concedido legalmente para que las partes propongan los medios de prueba que les interesen y, tras su admisión y declaración de pertinencia por el tribunal, se proceda a su práctica.

TESTAMENTO. DCv: Declaración de su última voluntad que hace una persona disponiendo de sus bienes y de los asuntos o negocios que le pertenecen, para después de su muerte.

TESTAMENTO ABIERTO. DCv: El que se otorga de palabra ante Notario con las condiciones exigidas en la Ley y que se plasma en escritura pública.

TESTAMENTO CERRADO. DCv: El que se otorga escribiendo o haciendo escribir el testador su última voluntad, e introduciendo el documento en un sobre o plica que se cierra, y, de esta forma, se lleva al Notario que extiende en su parte exterior un acta autorizándolo, en la forma prevista en la Ley.

TESTAMENTO OLÓGRAFO. DCv: El que deja el testador escrito y firmado de su puño y letra, y que es autentificado y protocolizado después de su muerte.

TESTIFICAL. DPC: Véase Prueba de Interrogatorio de Testigos.

TESTIGO. DP: Persona que da noticia ante el Juzgado de una cosa o de un hecho, por haberlo presenciado o tener verdadero y directo conocimiento de él.

TESTIGOS DE PREEXISTENCIA. DPP: Véase Declaración de Preexistencia.

TESTIMONIO. DCv: Véase Certificación.

TEXTO LEGAL. DG: Libro, escrito que contiene la redacción o reproducción de disposiciones normativas de carácter general.

TÍTULO EJECUTIVO. DPC: Aquel acto o documento en el que se base el ejercicio de la Acción Ejecutiva. // Véase Acción Ejecutiva. // Véase Proceso de Ejecución.

TRABA DE BIENES. DPC: Véase Embargo.

TRABAJOS EN BENEFICIO DE LA COMUNIDAD. DPn: Pena introducida por el vigente Código Penal consistente en la realización por parte del condenado de diversos trabajos considerados de utilidad pública.

TRAMITADOR PROCESAL Y ADMINISTRATIVO. OJ.: Véase Cuerpo de Tramitación Procesal y Administrativa.

TRANSACCIÓN. DC: Acuerdo alcanzado entre las partes sobre el objeto del pleito, que pone fin al procedimiento.

TRANSCRIPCIÓN. DPC: Acción en virtud de la cual el Letrado de la Administración de Justicia reproduce por escrito para su unión a un expediente civil, a instancia del tribunal, cuanto ha sucedido y se ha manifestado en un acto procesal público cuyo desarrollo ha sido grabado en audio y en vídeo.

TRATADOS INTERNACIONALES. DCv: Acuerdos celebrados entre sujetos jurídicos del orden internacional (Estados, Organismos supranacionales, etc.) que, una vez suscritos y ratificados por los mismos, entran a formar parte del ordenamiento jurídico de los contratantes.

TRIBUNAL CONSTITUCIONAL. OE: Órgano de naturaleza jurisdiccional encargado de verificar el respeto de las leyes a la Constitución.

TRIBUNAL DE CUENTAS. OE: Supremo órgano fiscalizador de las cuentas y de la gestión económica del Estado y de todo el sector público.

TRIBUNAL DEL JURADO: OJ: Órgano jurisdiccional integrado por un Magistrado, que lo preside, y por nueve ciudadanos elegidos al azar de entre aquellos que cumplen los requisitos legalmente establecidos, competente para enjuiciar causas por determinados delitos así mismo predeterminados por la Ley.

TRIBUNALES. OJ: Órganos jurisdiccionales colegiados, es decir, integrados o servidos por varios Magistrados.

TRIBUNALES SUPERIORES DE JUSTICIA. OJ: Órganos jurisdiccionales colegiados con sede oficial de cada Comunidad Autónoma y jurisdicción sobre todo el territorio de la misma, con competencia en materia civil, penal, contencioso administrativa, social, y de menores.

TRIBUNAL SUPREMO. OJ: Órgano judicial colegiado con sede en Madrid y jurisdicción sobre todo el territorio del Estado que, jerárquicamente, ocupa el lugar elevado en todos los órdenes (civil, penal, contencioso administrativo, social y militar), salvo lo dispuesto en materia de garantías constitucionales, materia esta en la que la cúspide jerárquica es ocupada por el Tribunal Constitucional.

TURNO LIBRE. DG: Forma de acceso a los diferentes cuerpos de funcionarios públicos que se efectúa mediante la superación de pruebas selectivas (oposiciones) que se convocan oficialmente, respetando en su desarrollo los principios de igualdad, publicidad, mérito y capacidad, y en las que podrán participar todas las personas que reúnan los requisitos básicos legalmente exigidos para ello.

UNE A-4. DG: Tamaño del papel de oficio que se emplea por Juzgados y Tribunales. Véase Papel de Oficio.

ÚNICA INSTANCIA. DP: Principio procesal en virtud del cual las resoluciones judiciales dictadas en primera instancia no pueden ser revisadas por un órgano judicial superior.

UNIDAD ADMINISTRATIVA. OJ: Aquella que, sin estar integrada en la Oficina judicial, se constituye en el ámbito de la organización de la Administración de Justicia para la jefatura, ordenación y gestión de los recursos humanos de la Oficina judicial sobre los que se tienen competencias, así como sobre los medios informáticos, nuevas tecnologías y demás medios materiales.

UNIDAD PROCESAL DE APOYO DIRECTO. OJ: Aquélla célula o unidad de la Oficina judicial que directamente asiste a jueces y magistrados en el ejercicio de las funciones que les son propias, realizando las actuaciones necesarias para el exacto y eficaz cumplimiento de cuantas resoluciones dicten. (Cada Juzgado o Sección de Audiencia constituye una Unidad Procesal de Apoyo Directo).

USUFRUCTO. DCv: Derecho a usar y disfrutar un bien sin deteriorarlo.

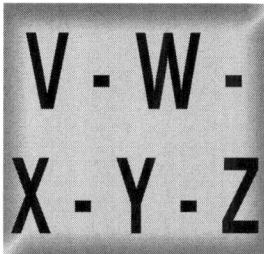

VÍA ADMINISTRATIVA. DA: Conjunto de trámites que se desarrollan ante los diferentes órganos de la Administración Pública, tras ser formulada por un ciudadano, mediante instancia, una petición.

VÍA DE APREMIO. DP: Véase Apremio, Vía de.

VIOLENCIA DOMÉSTICA. DPP: Véase Orden de Protección Integral a favor de víctimas de violencia doméstica. // Véase Juzgados de Violencia sobre la Mujer.

VISTA PÚBLICA. DPP. DPC: Acto en el que se relaciona ante el Juez o el Tribunal una causa o pleito previamente instruido, antes de dictar sentencia. // Actuación en los pleitos civiles en la que las partes exponen oralmente al Juez o al Tribunal lo que a su derecho conviene y es procedente conforme a la fase procesal en la que la vista se produzca.

VISTA, TRAER A LA. DP: Poner a disposición del Juez o Tribunal el expediente para que resuelva, bien una cuestión incidental planteada, haciéndolo mediante "auto", bien la petición fundamental del proceso, que se solventará por "sentencia".

VISTAS. DPC: Véase Vista Pública.